LEÇONS PRIMAIRES

DE

SCIENCES PHYSIQUES ET NATURELLES

COURS ÉLÉMENTAIRE

PROGRAMME OFFICIEL

PRESCRIT

PAR L'ARRÊTÉ DU 27 JUILLET 1882

ÉLÉMENTS USUELS DE SCIENCES PHYSIQUES ET NATURELLES.

CLASSE ENFANTINE (DE 5 A 7 ANS)

Notions très élémentaires sur le corps humain; hygiène (petits conseils), petite étude comparée des animaux que l'enfant connaît, des plantes, des pierres, des métaux; quelques plantes alimentaires et industrielles; pierres et métaux d'usage ordinaire.

COURS ÉLÉMENTAIRE (DE 7 A 9 ANS)

Leçons de choses graduées :

(L'homme, les animaux, les végétaux, les minéraux), observations d'objets et de phénomènes usuels avec des explications simples.

Notions sommaires sur la transformation des matières premières en matières ouvrées d'usage courant (aliments, tissus, papier, bois, pierres, métaux).

COURS COMPLET D'ENSEIGNEMENT PRIMAIRE

Rédigé conformément aux Programmes du 27 juillet 1882

LEÇONS PRIMAIRES DE SCIENCES PHYSIQUES ET NATURELLES

PAR AD FOCILLON

Ancien professeur de Physique et de Chimie au Lycée Louis-le Grand
Ancien directeur de l'Ecole Primaire Supérieure Colbert
Officier de la Légion d'Honneur et de l'Instruction publique

COURS ÉLÉMENTAIRE

AVEC

INTRODUCTION POUR LA CLASSE ENFANTINE

OUVRAGE CONTENANT DE NOMBREUSES GRAVURES
DES RÉSUMÉS ET DES QUESTIONNAIRES

Quatrième édition refondue

PARIS

H. LECÈNE ET H. OUDIN, ÉDITEURS

17, RUE BONAPARTE, 17

1888

INTRODUCTION

A L'USAGE DE LA CLASSE ENFANTINE

CAUSERIES SUR LES BÊTES, LES PLANTES ET LES PIERRES

L'homme, le chien et le coq.

Vous vous imaginez sans doute, mes enfants, que je vais vous raconter quelque fable. Si vous désirez en lire, prenez La Fontaine ou Florian. Quant à moi, ce n'est pas mon affaire; et, au lieu de vous dire des choses fabuleuses, je voudrais vous faire entendre quelques bonnes vérités, tout en vous montrant que vous en savez déjà une grande partie.

— Est-ce bien utile de nous les dire, s'écrie l'un de vous, si nous les savons déjà?

— Sans aucun doute, vous les savez, car il s'agit de ce que vous voyez tous les jours; mais vous n'y avez pas assez fait attention.

Je vous demande de vous représenter debout, là,

devant vous, à côté l'un de l'autre, un homme, un chien et un coq. Je vous vois déjà embarrassés. Pour le chien et le coq, cela n'est pas difficile; mais l'homme, comment faut-il se l'imaginer ? Sera-ce un ouvrier en blouse et en casquette, un bourgeois en redingote et portant chapeau, un militaire en uniforme ?

Fig. 1. — Un Chien (20 fois plus petit que nature) — C'est un animal à quatre pattes; son corps est couvert de poils; ses mâchoires sont armées de dents; il a cinq doigts aux pattes de devant, quatre à celles de derrière, et son corps est terminé par une queue mobile dans tous les sens; il est soutenu par des os que ses chairs enveloppent.

Oui, je conçois que cela peut vous faire hésiter. Cela tient à la variété des vêtements que les hommes s'imaginent de porter. C'est bien plus simple pour nos deux bêtes. L'une est couverte de poils, l'autre de plumes. Cela pousse tout seul sur leur peau. Il est vrai que l'homme n'est pas naturellement si bien couvert. Mais comme il est bien plus avisé, il se fait lui-même des vêtements, et naturellement il les prend à sa convenance. Néanmoins, sous tant d'habits différents, le corps humain est toujours le même; ne songez qu'à lui et regardez avec moi les membres de l'homme et des deux animaux.

Voyez-vous que, sans se ressembler beaucoup, l'homme et le coq marchent tous deux, l'un à deux pieds, l'autre à deux pattes ? Pieds ou pattes, le nom n'y fait rien. L'homme et le coq marchent avec deux membres seulement. Et le chien ? — Il marche, lui, à quatre pattes.

Mais si vous lui faisiez faire le beau et que ce fût un chien savant, il se dresserait et se tiendrait à son tour sur deux pattes. Cela le fatiguerait beaucoup, et il serait bien content dès qu'il pourrait reprendre sa position naturelle. Il est donc évident que le chien est *quadrupède*, tandis que l'homme et le coq sont des *bipèdes*.

Cependant ils ont tous deux quatre membres aussi bien que le chien. Il y a des bras chez l'homme, là où chez le coq il y a des ailes. Les hommes ont donc aussi bien que les chiens, les chats et les chevaux, quatre membres ; mais ils réservent les bras pour travailler, pour prendre tout ce qu'ils veulent saisir, pour se défendre si on les attaque. Voilà pourquoi il ne leur reste que deux pieds pour se tenir debout et pour marcher.

FIG. 2. — Un Coq (10 fois plus petit que nature). — C'est un animal à deux pattes ; mais il a deux ailes; ce qui lui fait toujours quatre membres ; son corps est couvert de plumes; ses mâchoires ne portent pas de dents, mais sont armées d'un bec en corne; les pattes ont quatre doigts; les ailes sont pourvues d'une rangée de longues plumes; le corps est terminé par une queue très courte, ou croupion, portant un panache de grandes plumes; il est soutenu intérieurement par des os.

Les coqs n'ont pas nos bras, mais leurs ailes les soutiennent dans l'air lorsqu'ils le veulent. Marcher avec les deux pattes, voler avec les deux ailes, voilà deux allures fort différentes. Néanmoins cela fait toujours quatre membres ; et sous ce rapport l'homme, le chien et le coq se ressemblent jusqu'à un certain point ; mais chacun se sert de ses membres à sa manière. Voilà en quoi ils diffèrent.

Rien n'est plus utile pour instruire les enfants que des comparaisons de ce genre. C'est ce que l'on appelle *observer* les êtres de la nature ; et c'est ainsi qu'on apprend à les connaître.

Comparez pour apprendre.

Voyons encore d'autres sujets de comparaison. Les deux *bras* de l'homme sont terminés chacun par une *main*, et cette main possède *cinq doigts*. De même, au bout des deux *jambes* se trouvent les *pieds*, où l'on compte *cinq doigts*, comme aux mains. En un mot, les quatre membres de l'homme ont cinq doigts à leurs extrémités.

De ces cinq doigts, il y en a quatre où l'on compte trois articulations ou *phalanges* ; le premier n'a que deux phalanges, c'est ce que l'on nomme le *pouce*.

En est-il de même chez le chien? — Pas tout à fait. Aux *pattes de devant* il a aussi *cinq doigts*, dont un *pouce* très petit, pas assez long pour poser sur le sol, lorsque l'animal marche ou se tient debout. Mais aux deux *pattes de derrière*, il n'y a plus que *quatre doigts* ; le chien n'a pas de pouce aux membres postérieurs. C'est là une première différence.

Il y en a d'autres encore. Ses doigts sont tous courts et ramassés ; ils ne permettraient de rien saisir comme nous le faisons avec les nôtres. Au lieu des ongles plats que l'on voit chez l'homme, le chien a des griffes, sortes de crochets cornés bons pour creuser la terre.

Maintenant occupons-nous du coq. Ses deux pattes se

terminent par *trois doigts* allongés et écartés. En arrière on aperçoit un *quatrième doigt* court et atteignant à peine le sol: c'est le *pouce*. Ainsi, chez le coq, il n'y a que *quatre doigts*, et ce n'est pas le *pouce* qui manque.

Le *bec* du coq est quelque chose de tout à fait particulier. Là où nous avons des *lèvres* souples et qui remuent si bien, le coq a de la corne aux deux mâchoires. Son *bec* est formé de deux pièces appelées *mandibules* ; la plus grande et la plus longue est en haut. L'animal a beau ouvrir le bec : on ne voit rien qui ressemble aux *dents* dont la bouche est armée chez l'homme et chez le chien.

C'est là un trait caractéristique de tous les oiseaux : ils n'ont pas de dents, et chaque mâchoire est recouverte de corne formant la mandibule du bec.

Jetons les yeux sur la gueule du chien. A coup sûr, elle ressemble plus à la bouche de l'homme qu'au bec d'un oiseau. Cette gueule a des lèvres molles, et, pour peu qu'elle soit ouverte, on y aperçoit des *dents*. Elles sont nombreuses ; les unes assez petites, les autres très grosses. Vous remarquerez surtout quatre dents qu'on a coutume d'appeler les *crocs* du chien. Ainsi cet animal a des dents aussi bien que l'homme ; mais elles sont inégales, et les plus fortes sont de très bonnes armes pour mordre. Il se défend et il attaque avec ces dents, ce que l'homme ne fait pas, car il a ses mains et les armes qu'il sait se fabriquer.

En terminant, remarquez que l'homme, le chien, le coq ont un trait de ressemblance très important. Leur corps est charnu, avec des os qui le soutiennent intérieurement. Il n'en est pas de même chez tous les animaux.

L'enfant et le hanneton.

Un hanneton! Tous vos souvenirs s'éveillent à ce seul nom. Vous vous voyez déjà attachant un fil à l'une des pattes du malheureux et attendant avec impatience le moment où il s'envolera ! Quelle joie lorsque, retenu par le brin de fil, il tournera autour de vous avec un bourdonnement monotone. C'est le bruit que font ses ailes tandis qu'il tâche de s'échapper. Mais le fil le tient prisonnier, et il revient bientôt tomber quelque part autour de vous, fatigué de ses efforts et cherchant à se reposer pour recommencer.

Je conçois que cette lutte de la pauvre bête vous amuse quelque temps. Mais n'y a-t-il pas mieux à faire ? Après vous être amusés, regardez du moins le pauvre insecte ; observez-le ; comparez-le avec vous-même. C'est un autre genre d'amusement. Celui-là vous sera utile et ne fera souffrir personne.

Profitons de ce qu'il se repose tranquillement, pour voir comment il est conformé. Nous apercevons tout d'abord en lui un gros corps de couleur rousse. En avant est une partie plus foncée et plus petite. Enfin celle-ci est précédée d'une tête bien reconnaissable à ce que les enfants ont l'habitude d'appeler les cornes du hanneton. En y regardant d'un peu près, vous distinguerez de chaque côté un gros œil noir et brillant. Remarquez-le tout de suite : il résulte de ce que vous venez d'observer, que le corps du hanneton se compose de trois parties. Mais n'en est-il pas de même de votre corps, si l'on ne considère que le tronc, en laissant les membres de côté? Il y a d'abord la *tête*, puis la *poitrine* ou *thorax*, enfin le *ventre* ou *abdomen*. Le corps du hanneton n'a pas, il est vrai, les formes du vôtre; mais il a la même composition : *tête*, *thorax* et *abdomen*.

Voyons maintenant autre chose. En dessous du corps s'attachent six pattes, trois de chaque côté. Ici l'insecte est plus riche que vous, car vous n'avez que quatre membres. Mais il y a bien mieux : il a des ailes! Vous le savez bien, puisque, avant d'être tranquillement posé, il volait sous vos yeux. Alors on distinguait facilement qu'il a quatre ailes attachées sur le dos. Maintenant il les tient repliées et fermées.

FIG. 3. — Un Hanneton (3/4 de nature). — C'est un insecte : son corps est corné, dur et sec au dehors ; on y distingue trois parties : en avant, la tête portant deux cornes ou antennes et deux gros yeux ; ensuite le corselet auquel sont fixées trois paires de pattes et deux paires d'ailes; à la suite est le ventre ou abdomen.

Telle est la conformation générale de notre hanneton. Mais il présente encore quelque chose de singulier. Tout son corps est sec et corné à l'extérieur. Ses membres surtout sont durs et comme desséchés. Cela ne ressemble en rien à votre peau flexible, recouvrant des chairs moelleuses et arrondies. Tous les insectes sont ainsi faits ; leur corps est pour ainsi dire revêtu d'une cuirasse mince et délicate. D'autres animaux encore sont cuirassés de cette façon. Vous rappelez-vous avoir vu quelquefois une écrevisse ? Cet animal vit toujours dans l'eau ; cependant il a la peau dure et résistante. Mais, dans de tels animaux, n'y a-t-il donc pas de chairs ? — Si fait ; elles sont en dedans de la cuirasse extérieure.

C'est tout l'inverse chez vous. Ce qu'il y a de dur dans votre corps, ce sont les *os*, et votre chair les entoure au lieu d'y être renfermée. Le chien et le coq sont, à cet égard, faits comme nous et ne ressemblent pas aux insectes.

Le chien et le mouton.

Il y a dans les campagnes trois êtres qui vivent ensemble : c'est le berger, le chien et le mouton. Quand je dis le mouton, je devrais dire les moutons, car ils vivent en troupeau. Quelquefois même le troupeau est assez nombreux pour qu'il faille plusieurs chiens. Mais il n'y a jamais qu'un seul berger. Celui-ci est le maître; il gouverne et dirige chiens et moutons. Vous rappelez-vous, sur la fin de l'été, avoir vu souvent de pareils troupeaux établis sur les champs moissonnés? Le berger a sa petite maisonnette où il se réfugie pour la nuit. Ordinairement elle est montée sur de petites roues, car le troupeau se déplace fréquemment, et il faut se déplacer avec lui.

Au fait, me dira quelqu'un d'entre vous, pourquoi fait-on tout cela ? — Vous vous en doutez bien un peu. Le berger, vous a-t-on dit souvent, fait *paître* ses brebis, ou ses moutons, si vous voulez : c'est-à-dire qu'il les conduit ainsi d'un champ à un autre pour manger l'herbe récemment poussée. Lorsqu'un champ a été complètement tondu par la dent des moutons, il en faut chercher un autre. Voilà pourquoi le berger, avec son troupeau et son chien, se déplace sans cesse.

Dites-moi maintenant : voilà un homme et un ou plusieurs chiens qui se donnent bien du mal pour que les moutons se régalent d'herbe ! Mais, eux-mêmes, ils ne mangent pas de l'herbe comme les moutons. Le berger, c'est un homme, et nous savons qu'il se nourrit de légumes, de fruits et de viande. De quoi vivent donc les chiens ? Ils gardent les moutons ; ils les défendent au besoin ; mais pour manger de l'herbe, cela leur est impossible.

Prenez donc la peine de considérer la gueule d'un chien et la bouche d'un mouton. Quelle différence ! Comme la gueule du chien est largement fendue ! Comme elle s'ouvre au besoin pour mordre ! et l'on voit alors les dents redoutables dont elle est armée ! Ce n'est pas pour brouter de l'herbe que tout cela lui a été donné. C'est bon pour la bouche petite et resserrée du mouton. L'herbe qui se présente immobile sur les champs est saisie sans peine. La gueule du chien est faite au contraire pour happer de gros morceaux de viande ; ses dents les déchireront, et d'un vigoureux mouvement de tête la bête enlèvera le morceau.

Il y a ainsi, dans la nature, des animaux construits pour vivre d'herbe, de bourgeons et de feuilles ; d'autres, au contraire, sont conformés pour se repaître de chair. Ils ne peuvent à leur fantaisie changer de régime. Ils ne peuvent, comme nous, après un morceau de bœuf, manger des feuilles de salade ou un plat d'épinards. Depuis le commencement du monde, les moutons et les brebis mangent de l'herbe, tandis que les chiens se nourrissent de viande. Les premiers sont des *animaux herbivores*, et les seconds des *animaux carnivores*. Ainsi le veut toute leur conformation.

La pêche, le pois, la pomme de terre.

Quel beau fruit qu'une pêche ! Sa forme arrondie, la belle couleur rouge de sa pelure et surtout sa chair sucrée et juteuse en font un régal des plus appétissants. Aussi ne suis-je pas surpris que votre première idée, en la voyant, soit de la manger. Mais je vous demande un peu de patience. Causons d'abord à son sujet. Voyons comment elle est faite. Après, vous serez libres de la savourer à votre aise. Tandis que si vous commencez par la manger, nous ne pourrons plus l'examiner ensemble.

Sachez d'abord que ce beau fruit provient d'une jolie fleur semblable à une petite rose sauvage. Au printemps, les pêchers sont couverts de ces fleurs d'un rose tendre. Ils offrent alors le plus riant aspect. Rien n'est plus beau que nos vergers et nos jardins fruitiers, à cette première époque de l'année qui couvre de fleurs les pêchers, les abricotiers, les pruniers, les cerisiers, les pommiers et les poiriers. Puis les fleurs se flétrissent et produisent des fruits, les pêches, par exemple, qui sont mûres en plein été.

Notre pêche est recouverte d'une *pelure* molle et veloutée. Vous l'ôterez pour la manger ; enlevons-la tout de suite. Alors nous apercevons la *chair du fruit*. Coupons-le en deux moitiés. Au centre, nous trouvons le

FIG. 4. — Une Pêche encore attachée à la branche. FIG. 5. — Fleurs de Pêcher.

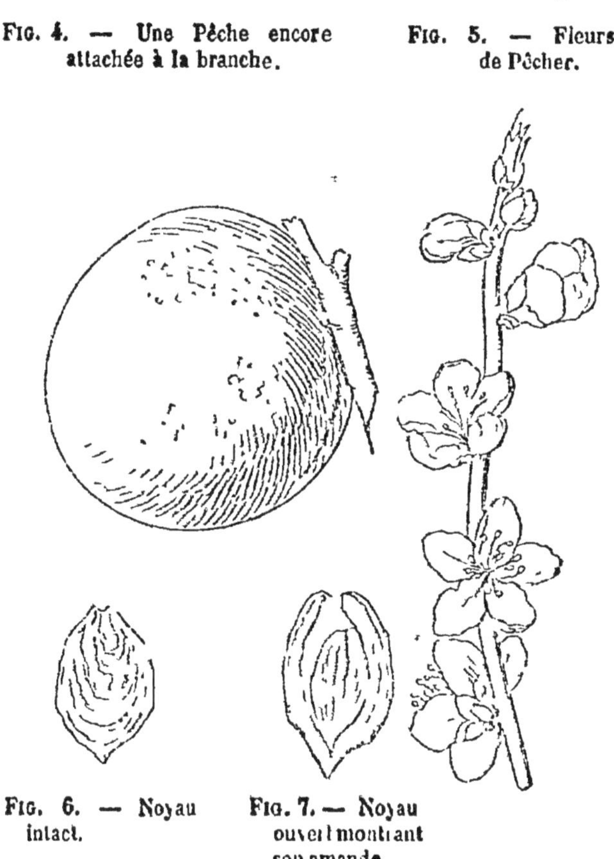

FIG. 6. — Noyau intact. FIG. 7. — Noyau ouvert montrant son amande.

(Ces quatre figures sont 2 fois moins grandes que nature.)

noyau. Il est rouge, et il porte de gros plis saillants. Avec la pointe d'un couteau nous parviendrons facilement à le fendre. Nous allons voir ce qu'il renferme. C'est assez l'habitude des enfants de casser leurs jouets, pour voir ce qu'il y a dedans. Ne serez-vous pas curieux de voir l'intérieur du noyau ?

Le voilà ouvert. Il est creux et il contient quelque chose. C'est une amande. Retirons-la. Nous allons l'éplucher. Elle est humide, et nous retirons sans peine sa pelure blonde. Ainsi dépouillée, notre amande paraît magnifique. Elle est d'une blancheur éclatante. Elle a la forme d'un œuf aplati. Regardez donc : à son extrémité pointue on distingue une petite fossette. Au fond est un petit corps blanc et rond. Mais il est bien facile de voir complètement ce que c'est, car notre amande se sépare d'elle-même en deux moitiés qui ne tiennent ensemble que par un bout. Là justement nous pouvons voir en entier ce petit corps blanc que nous entrevoyions tout à l'heure.

FIG. 8. — Amande épluchée.

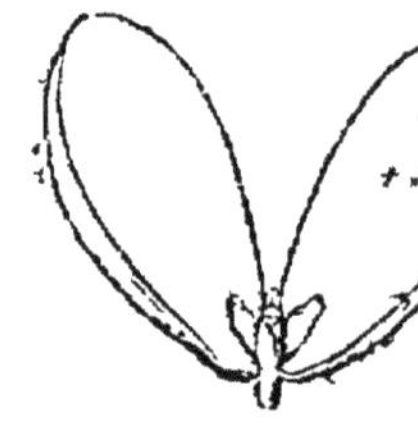

FIG. 9. — Amande ouverte (grandeur naturelle) montrant le germe entre les deux cotylédons.

On dirait un petit poupon. Les deux moitiés de l'amande lui font comme un berceau. Qu'est-ce que ce peut bien être ?

Comme vous avez bien attentivement écouté tout ceci, je vais vous le dire. Ce prétendu poupon est réellement le *germe* ou *plantule* ; c'est un tout jeune pêcher. Il est là comme le poulet dans son œuf lorsque la poule l'a couvé. Seulement c'est le soleil qui a échauffé la pêche et y a fait venir ce petit être ; c'est le soleil qui couve les fruits.

Le poulet avait auprès de lui le jaune qui le nourrit dans son œuf pendant les 21 jours de la couvaison. De même notre petit pêcher a pour se nourrir, quand le noyau germera, les deux moitiés d'amande entre lesquelles il est si bien logé. C'est ce que l'on nomme les deux *cotylédons.*

De ce que nous venons de voir ensemble il faut conclure que l'amande contenue dans le noyau de la pêche est une sorte d'œuf, que l'on appelle une *graine.* Voilà ce qu'on trouve dans tous les *fruits.* Tous renferment une ou plusieurs *graines.*

J'ai pris soin de vous apporter une *cosse de pois.* C'est aussi un fruit, mais vous ne serez pas tenté de le manger. Il est vert comme une feuille, et pas plus que moi vous ne mangez de l'herbe crue. Ouvrons notre cosse. Ce n'est pas difficile; nous y trouvons cinq ou six *pois.* Vous allez voir que chacun d'eux est une graine. Il me suffira pour cela de l'éplucher à son tour comme l'amande de tout à l'heure. Voici le pois dépouillé de sa pelure. Comme l'amande, il se sépare naturellement en deux moitiés réunies par un seul point. Là aussi nous trouvons un petit corps arrondi, mais courbé sur lui-même, un *germe* ou *plantule.* C'est un jeune pied de pois, comme nous avions tout à l'heure un jeune pêcher.

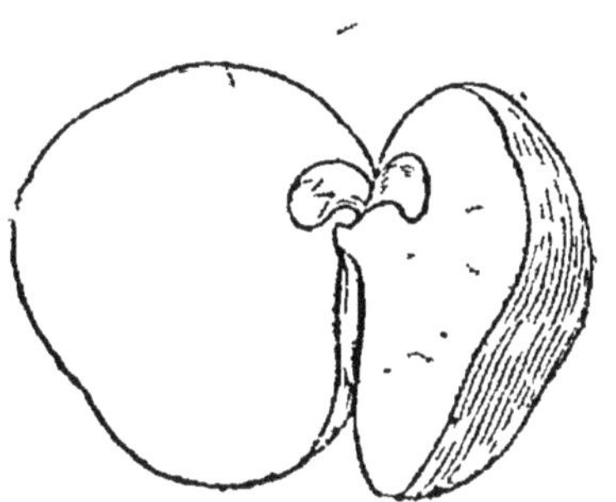

FIG. 10. — Pois épluché et ouvert (3 fois plus grand que nature); on voit le germe entre les deux cotylédons entr'ouverts.

Ces cotylédons, destinés à alimenter le jeune pois, quand il germera, sont tellement nourrissants que nous en mangeons communément, comme vous le savez.

Cotylédons de *pois*, de *haricots*, de *fèves*, de *lentilles*, ce sont nos *légumes farineux*.

Voici maintenant une *pomme de terre*. Son nom ferait penser que c'est un fruit qui pousse dans la terre, Mais ici le nom vous trompe. Examinons-la d'abord extérieurement. Elle est couverte d'une mince pelure. Puis on trouve à sa surface trois ou quatre légers enfoncements au fond desquels s'aperçoit un tout petit *bourgeon*, ce qu'on appelle un *œil*. Après avoir vu tout cela, nous pouvons chercher dans l'intérieur de la pomme de terre : nous n'y trouverons rien qui ressemble à une graine. Partout c'est une masse de fécule ; en un mot, la pomme de terre n'est pas un fruit. Serait-ce une graine? — Pas davantage; car elle ne contient intérieurement ni germe, ni cotylédons. De plus, elle porte des bourgeons comme le ferait une branche. Aussi ne l'appelle-t-on pas un fruit, mais on lui donne le nom spécial de *tubercule*. C'est une branche souterraine gonflée d'une énorme quantité de

FIG. 11. — Pommes de terre (4 fois plus petites que nature), telles qu'on les trouve en terre, attachées à la souche de la plante; deux sont bien développées, les autres sont en train de croître.

fécule, qui au printemps nourrira et fera développer ses bourgeons.

Ne pensez-vous pas que ce petit examen de trois objets naturels vous a appris beaucoup de choses? Cela ne vous engagera-t-il pas à en examiner ainsi beaucoup d'autres que vous trouverez autour de vous?

Les cailloux, la pierre et le fer.

Nous sommes venus nous promener dans ce bois, et nous voici arrivés au bord d'un ruisseau qui coule sous les herbes. L'eau est pure et transparente. Elle laisse apercevoir un lit de cailloux sur lequel elle glisse doucement. Il y en a beaucoup qui sont blancs. Que me répondriez-vous si je vous disais que ce sont des morceaux de sucre ? Au lieu de répondre vous riez à gorge déployée, tant vous trouvez mon idée ridicule. Du sucre au fond de l'eau ! Mais il serait fondu depuis longtemps. — Eh bien, serait-ce du sel ? — Pas davantage, nous aurions de l'eau salée au lieu d'eau sucrée, car le sel aurait fondu aussi.

Mais les cailloux ne fondent donc pas? — Non certes; voilà des années que l'eau coule dessus; elle les a usés doucement de façon à les arrondir ; mais il n'en a pas fondu une parcelle. Du reste, ces mêmes cailloux sont très difficiles à altérer. Ils ont résisté à l'eau, ils résisteront aussi bien au feu. Prenez-en une poignée, et nous l'emporterons pour en faire l'essai. Je vous garantis d'avance que, mis dans le fourneau de la cuisine ou dans le foyer de la cheminée, ils en sortiront absolument tels que vous les aurez mis. Ils sont donc faits d'une matière qui ne s'altère pas facilement. La plus grande partie d'entre eux sont formés de ce qu'on appelle de la *silice*. C'est une matière dure. Elle se casse au choc, mais on ne l'écrase pas facilement. Comme vous le voyez, ni le feu ni l'eau n'ont de prise sur elle.

Quelle différence avec la *pierre à bâtir!* Nous irons dans un chantier de tailleurs de pierre. Là vous verrez le sol tout couvert de pierrailles d'un blanc jaunâtre ; ce sont les débris du travail des ouvriers. Ce sont des fragments de pierre.

Les appellerez-vous des cailloux?—Non sans doute. Mettez-les dans l'eau. Ils se mouilleront, et l'eau se troublera de façon à devenir bourbeuse. Prenez quelques-uns de ces fragments de pierre et mettez-les dans le feu comme les cailloux de tout à l'heure. Si le feu est assez ardent, ils en sortiront notablement changés. Chaque pierre aura pris une couleur blanche, et paraîtra d'une sécheresse extrême, car, si on la mouille, l'eau sera promptement absorbée. En un mot, la pierre à bâtir, réduite en pierraille, ne résiste ni au feu ni à l'eau comme le font les cailloux.

Voici maintenant une clef que j'ai dans ma poche. En quoi est-elle?—En fer, vous hâtez-vous de répondre. — C'est vrai. Est-ce une matière semblable à la pierre et aux cailloux? —Non pas! c'est du *métal;* c'est du *fer*. Le fer est beaucoup plus lourd que la pierre et même que les cailloux. Il est froid au toucher; mais il s'échauffe promptement lorsqu'on le tient dans la main. Il ne fond en aucune façon dans l'eau; mais à la longue il se couvre de rouille, lorsqu'on l'expose mouillé à l'air.

Quant au feu, le fer lui résiste d'abord; mais dans un feu ardent, dans un brasier de charbon de terre, il devient rouge et se ramollit. On peut alors le couper au couteau comme une sorte de fromage. On peut le façonner à coups de marteau, comme une pâte compacte. Une fois refroidi, le fer est de nouveau raide, dur et résistant. Il a, en un mot, repris sa première nature.

Vous le voyez : rien qu'avec de l'eau et du feu, on peut, sur les minéraux, tenter des essais curieux. On reconnaît alors des différences importantes dans leur manière d'être. On apprend peu à peu ce qu'ils sont et à quels usages ils peuvent servir.

C'est ainsi qu'il faut observer, examiner, essayer tout ce que vous rencontrez. Il faut interroger les personnes instruites pour vous faire expliquer ce que vous ne comprenez pas. Vous vous préparerez ainsi à bien apprendre ce qui vous sera enseigné plus tard.

LEÇONS PRIMAIRES
DE
SCIENCES PHYSIQUES ET NATURELLES

COURS ÉLÉMENTAIRE

LEÇONS DE CHOSES GRADUÉES

COUP D'ŒIL PRÉLIMINAIRE SUR NOTRE VIE DE CHAQUE JOUR

1. — Quels sont nos besoins journaliers ? — Avez-vous quelquefois compté avec vous-même combien de choses il vous faut pour vivre ? Avez-vous repassé dans votre esprit ce qui vous est nécessaire dans une journée ?

2. — Vêtements. — Le matin, vous vous réveillez et, pour vous lever, il vous faut prendre vos *vêtements*, afin de vous défendre contre le froid, contre la pluie, la neige, la gelée ou les ardeurs du soleil. Dans ces vêtements, que de choses variées ! c'est du *linge*, comme votre chemise ; de la *toile*, comme votre blouse ; c'est du *drap*, comme votre habit ou votre pantalon d'hiver ; quelquefois même de fins tissus de *soie* ; c'est encore du *cuir* pour vos chaussures.

3. — Premier repas. — A votre premier déjeuner il vous faut du *café* ou du *chocolat* ; puis encore la *tasse* en *faïence* ou en *porcelaine*. Si vous avez soif, il vous faut un *verre* et le *vin* que vous y verserez.

4. — Livres d'étude, papier, plumes, encre et crayons. — Durant la matinée, pour étudier vos leçons et faire vos devoirs, du *papier*, de l'*encre*, des *crayons*, des *livres* vous sont nécessaires. Même pour jouer, vous aurez besoin d'une foule d'objets que vous ne savez pas faire vous-même et qui vous viennent tout fabriqués pour votre usage.

5. — Déjeuner et dîner. — En suivant ainsi le reste de la journée, vous y trouverez d'autres occupations pour lesquelles vous aurez besoin d'ustensiles divers. Vous ferez deux autres repas ; vous serez fort heureux de voir servir devant vous quelque beau morceau de *viande*, quelque plat de *légumes*, et même, s'il est possible, quelque *fruit* ou quelques *friandises* pour dessert.

6. — Meubles, éclairage, chauffage, habitation. — Ces repas, où toute la famille se réunit, vous seront toujours agréables, si vous les prenez sur une *table* devant laquelle on est assis à l'aise. Le soir, quand ce sera l'heure de vous coucher, lorsque la nuit sera venue, vous apprécièrez bien mieux encore tout ce bien-être que vous trouvez au *logis*. Une *bougie* ou une *lampe* vous éclaire. Un bon *lit* va vous recevoir. Que de choses réunies ainsi chaque jour autour de vous, et qui répondent à vos besoins ; les uns sont absolument impérieux ; quant aux autres, il vous est au moins bien agréable de les satisfaire.

7. — Comment savoir d'où nous viennent tant de choses ? — C'est grâce aux soins de vos parents que tout cela est réuni autour de vous. Mais, en réalité, d'où cela vient-il ? Qui fournit ainsi la *nourriture*, les *vêtements* et un *abri* à chaque famille ? Répondre à cette question n'est pas l'affaire d'un moment. Il nous faudra beaucoup d'entretiens sur ce sujet, pour chercher d'où sont tirées les principales choses qui vous sont nécessaires, et ce ne sera pas trop de toute cette année pour apprendre ce qu'à votre âge il est le plus important de savoir à cet égard.

CHAPITRE PREMIER.

IL FAUT MANGER POUR VIVRE.

8. — **Le besoin de manger est le plus pressant de tous ceux que nous ressentons.** — De tous nos besoins journaliers, le *besoin de se nourrir* est celui qu'il faut avant tout satisfaire. D'abord la *faim* vient périodiquement nous dire que le temps est venu de *manger*. Elle nous donne même une sorte de souffrance, si nous tardons trop à y obéir. Bien que nos *aliments* soient assez variés, tout n'est pas indifféremment bon pour apaiser notre faim. S'il en était autrement, nous ne nous inquiéterions pas de ce besoin de chaque jour. Pour vivre il faut *respirer* à tous moments. Pourquoi nous en préoccupons-nous moins que de manger ? C'est que *l'air*, que nous avons besoin de respirer, nous environne en abondance. Nos narines et notre bouche en aspirent autant qu'il nous en faut, et il en reste encore beaucoup plus qu'il ne nous est nécessaire. Il n'en est pas de même en ce qui concerne notre *nourriture*. Il ne nous suffit pas d'ouvrir la bouche pour y recevoir tout préparé ce que notre estomac nous demande. Il est nécessaire que nous cherchions les choses capables de nous nourrir ; et beaucoup de celles qui s'offrent à nous le plus communément ne sauraient nous rendre ce service.

9. — Tout n'est pas bon pour nous nourrir ; mais les plantes nous fournissent déjà des aliments. — Nous ne serions pas nourris si nous mangions de la *terre*, du *plâtre*, de la *craie* ou de la *pierre pilée*. Du reste, notre goût nous en avertit, et il nous répugnerait d'avaler pareilles choses. Mais si nous trouvons un arbre fruitier, nous n'hésiterons pas à en prendre des *fruits* savoureux. Les *haricots*, les *pois*, les *fèves*, les *lentilles* sont des *graines* bonnes à manger. Les *carottes*, les *navets*, les *salsifis* sont des racines d'un usage habituel ; et la *pomme de terre*, ce tubercule farineux que l'on peut accommoder de tant de manières et que l'on retrouve si souvent sur toutes les tables ! Les *choux* sont de grandes *feuilles* nourrissantes. Maintenant parlons du *pain* ; ce nom est devenu synonyme du mot *nourriture* lui-même. Ne pas avoir de quoi manger s'appelle *être sans pain*. Donner à quelqu'un de nos semblables de quoi se nourrir, c'est lui *donner du pain*.

10. — Le pain nous vient d'une herbe. — Eh bien ! le *pain*, cet aliment essentiel, est fait avec le grain que nous donne un brin d'herbe appelé le *blé*. La culture du *blé* est la préoccupation la plus grande des peuples nombreux. Quand la récolte du blé a été mauvaise, on parle de famine : tant cette plante est importante lorsqu'il s'agit de nourrir une nation !

11. — Dans les plantes tout n'est pas bon à manger. — Cependant il ne faut pas croire que *tout* dans les plantes nous puisse nourrir. Evidemment nous ne saurions manger du bois, fût-il moins dur qu'il ne l'est. De même les *écorces*, les *feuilles*, les *fleurs*, ne pourraient nous soutenir. Il y a même des *feuilles*, des *racines*, des *écorces*, des *herbes*, des *fruits* et des *graines* dont l'usage serait pernicieux pour nous, car, s'il est des plantes bienfaisantes, remplies de matières nourrissantes, il en est d'autres qui renferment des *poisons*. Le tout est de les connaître, et pour cela il faut les étudier.

12. — Nous mangeons aussi la chair de certains animaux. — Nous n'avons pas coutume de restreindre notre régime aux aliments tirés des plantes.

Nous regardons comme des mets succulents les viandes de *bœuf*, de *veau*, de *mouton* et de *porc*. Nous y joignons volontiers celle de quelques *oiseaux de basse-cour*, *poulets*, *poules*, *canards*, *oies*, *dindes*, et aussi celle des *pigeons*. Puis viennent les *gibiers*, le *cerf*, le *chevreuil*, le *lièvre*, le *lapin* ; enfin parmi les oiseaux ou *gibiers à plume* : le *faisan*, la *perdrix*, la *caille*, le *canard sauvage*, la *bécasse*, etc.

Il faut citer en outre les animaux d'eau : d'abord des *poissons de rivière, d'étang ou de lac*, tels que la *carpe*, la *tanche*, le *brochet*, la *perche* et l'*anguille* ; puis des *poissons de mer:* la *morue*, le *merlan*, le *maquereau*, le *hareng*, la *sole*, la *raie*, etc.

Certaines espèces d'animaux nous sont tellement indispensables que nous prenons le soin de les élever nous-mêmes. Les agriculteurs entretiennent dans leurs fermes les animaux de *boucherie* et de *basse-cour*. Ils font *venir* sur leurs terres l'herbe, les racines et les grains qu'il faut pour les nourrir.

Les *vaches* et même les *brebis* et les *chèvres* nous donnent du *lait* d'où l'on extrait du *beurre* et des *fromages*. Les *poules* donnent des *œufs* non moins précieux que le lait.

Quant aux *gibiers*, c'est la *chasse* qui nous les procure. Sur toutes les côtes de nos mers, sur toutes les rives de nos eaux douces, des populations de *pêcheurs* passent leur vie à capturer les *poissons* que l'on voit figurer sur nos tables.

13. — L'eau et le sel. — Il y a deux substances dont

nous faisons constamment usage avec nos aliments, et qui ne proviennent cependant ni des animaux ni des plantes. L'une est le *sel*, qui est l'objet d'une industrie de grande importance. L'autre est *l'eau*, la plus naturelle, la plus simple et la moins coûteuse de nos boissons.

14. — Nos boissons. — Vous savez que l'on fait aussi usage de boissons plus fortifiantes que l'eau. Le plus habituellement c'est le *vin*. Mais il y a aussi la *bière*, le *cidre* et quelques autres. C'est ce que l'on appelle des *boissons fermentées*. Elles sont fabriquées avec des *fruits* ou des *grains*. Le *vin*, vous le savez tous, vient du *raisin* qui est le fruit de la *vigne* ; la *bière* se fait avec des grains *d'orge* et des fruits de *houblon* ; le *cidre*, avec des *pommes*.

15. — Origine de nos aliments. — En somme, nos aliments proviennent des plantes et des animaux. En dehors de ces deux catégories d'êtres, nous ne consommons que le sel et l'eau. On peut donc dire que l'homme tire tout ce qui le nourrit presque uniquement des corps vivants.

RÉSUMÉ DU CHAPITRE I.

Nourriture.

1 à 8. — Pour vivre, il faut, chaque jour, satisfaire trois ou quatre fois notre faim. — Les aliments ne s'offrent pas à nous aussi facilement que l'air pour respirer; il faut se donner la peine de se les procurer,

9. — Tout ce que nous rencontrons n'est pas bon à manger. — Plusieurs produits des plantes sont d'excellents aliments : fruits, graines et grains, légumes, salades.

10. — C'est une plante qui nous donne le pain.

11. — Il est des produits des plantes, comme le bois, l'écorce, qui ne nous pourraient nourrir; d'autres sont dangereux à manger.

12. — La chair des animaux est un aliment substantiel : viandes de boucherie, charcuterie, volailles, gibier à poil et à plume, poissons.

13. — Le sel nous est nécessaire comme assaisonnement; l'eau comme boisson.

14. — Nous ajoutons à l'eau, des boissons faites avec le jus de certains fruits, ou avec du grain.

15. — Ainsi, sauf le sel et l'eau, tous nos aliments viennent des corps vivants (plantes et animaux).

QUESTIONNAIRE.

1 à 8. *Quels sont les besoins journaliers de l'homme ?* — 9. *Qu'est-ce qui peut nourrir l'homme ? Quelles sortes d'aliments tirons-nous des plantes ?* — 10. *D'où vient le pain ?* — 11. *Peut-on manger toutes les parties des plantes ?* — 12. *Quels aliments tirons-nous des animaux ?* — 13. *Y a-t-il, en dehors de cela, des substances qui nous soient nécessaires ?* — 14. *D'où viennent nos boissons ?*

CHAPITRE II.

HABILLEMENT ET LOGIS.

16. — Il faut ensuite se vêtir. — Notre corps n'est pas naturellement couvert d'une fourrure comme celui d'un chat, ou d'une toison comme celui d'un mouton. C'est par son industrie que l'homme doit se vêtir. Dans ce but, il s'est ingénié de tisser des étoffes dont il s'habille ; il a mis à profit des fourrures ou du cuir rendu inaltérable.

17. — Le cuir et les pelleteries. — Le cuir et les fourrures sont des dépouilles de certains animaux. Ainsi nous employons habituellement du *cuir de bœuf, de veau* ou *de mouton.* Les personnes exposées au froid se font souvent une sorte de casaque avec une peau de mouton garni de toute sa toison. De même, dans les toilettes des dames, s'emploient des pelleteries plus fines et plus jolies, qui sont les *fourrures* proprement dites.

18. — Chanvre, lin et coton.— Quant aux *étoffes*, elles sont fabriquées de divers filaments que l'homme a l'industrie de tisser et que l'on appelle, à cause de cela, des *matières textiles*. Regardez le linge que vous portez sur vous: l'étoffe est formée de fils qui se croisent. Les fils dont elle se compose ont été faits soit avec des brins de coton, soit avec des fibres de lin ou de chanvre.

Le coton, le lin ou le chanvre proviennent de plantes; de telle sorte que tout le *linge* est tiré de trois espèces végétales.

19. — Laine et soie. — Mais la laine et la soie ont une toute autre origine. La laine est le produit de nos moutons; vous savez combien de sortes d'étoffes elle sert à fabriquer; les draps et les velours de laine sont les plus belles et les plus chaudes. La soie est le produit d'un insecte: c'est la chenille d'un papillon qui nous la donne. Telle est la perfection de ce produit, que nos plus brillantes étoffes en sont faites.

En résumé, de même que nous devons aux animaux et aux plantes les aliments nécessaires pour soutenir notre vie, nous empruntons à ces mêmes êtres les moyens de couvrir la nudité de notre corps et de lui maintenir la chaleur dont il a un besoin indispensable.

20. — En troisième lieu, il faut nous abriter, nous loger. — Jetons maintenant les yeux sur l'habitation qui nous protège sous son toit, et nous défend contre les vents, les pluies, ou les excès de la chaleur. Quelle œuvre compliquée que notre maison!

21. — La maison. — Elle est construite avec des *pierres* ou des *briques* que réunissent du *ciment* et du *plâtre.* Toutes ses parties sont maintenues par une *charpente en bois* ou *en fer.* La couverture du toit est de *tuiles* ou d'*ardoises.* La *menuiserie* des portes, des fenêtres, des armoires et des planchers est faite de divers *bois.* La *serrurerie* qui la consolide et l'attache, est en *fer.* Dans d'autres parties sont quelques ouvrages en *cuivre* ou en *plomb.*

Le *bois* est une matière bien précieuse, et nous le devons aux plantes admirables qui, de leur vivant, nous ont donné le beau spectacle des bois et des forêts.

Quant aux autres matériaux, ce sont des corps inertes, des *minéraux.* Nous les extrayons du sein de la terre, vous ne pouvez imaginer par quels travaux rudes et dangereux ! Les uns, comme la *pierre* ou l'*ardoise*, peuvent être employés tels que nous les tirons du sol. Mais d'autres, comme le *plâtre*, le *ciment*, la *brique* et la *tuile*, ont été soumis à un travail plus ou moins long pour être amenés dans l'état où ils peuvent être mis en œuvre. Les *métaux*, le *fer* surtout, ont exigé encore bien plus de peines et d'efforts.

22. — Verreries et poteries. — Quand la maison est construite, il nous faut pour y habiter des *meubles* et des *ustensiles.* Les meubles sont pour la plupart en *bois* garni çà et là *d'étoffes* plus ou moins analogues à celles de nos vêtements. Quant à nos ustensiles, les *verreries* et les *poteries* sont surtout dignes de fixer l'attention. Les unes et les autres sont fabriquées avec des matières minérales : *sable*, *soude* et *craie*, *terre à potier* ou *argile* ; ces matières sont extraites des entrailles de la terre.

23.—Papiers.— Mais voici une autre substance que nous employons aux usages les plus variés : c'est le *papier.* Il tapisse les murs de nos chambres. Il forme les livres de nos bibliothèques. C'est le compagnon habituel de l'écolier. Il reçoit nos pensées et les porte à nos parents et à nos amis. Il a vu éclore tous les chefs-d'œuvre de nos grands écrivains, et il nous les conserve de siècle en siècle. Rien n'est plus intéressant que d'apprendre par quels procédés des fibres de lin ou de chanvre, des filaments de coton deviennent une feuille de papier.

24. — **En résumé, pour satisfaire ses besoins, l'homme doit apprendre à tirer parti des animaux, des plantes et des minéraux.** — Nous venons d'énumérer nos principaux besoins et les objets qui nous servent à leur donner satisfaction. L'homme a su tirer parti des ressources que lui présentent les *animaux* et les *plantes*, qui sont des *corps vivants*, et les *minéraux* ou *corps bruts*, qui font partie du sol sur lequel nous vivons.

En étudiant mieux la nature, en observant ce qui s'y passe, en essayant de nouveaux moyens d'en tirer des services, nous parviendrons à mieux faire encore que nos devanciers. Mais il faut avant tout apprendre ce qu'ils ont fait avant nous. Ce sont les leçons de science qui sont destinées à éveiller votre esprit sur ce que peuvent l'étude et le travail pour le bien-être de l'homme.

RÉSUMÉ DU CHAPITRE II.

Habillement.

16. — Le corps humain est naturellement nu; c'est à l'homme de savoir se vêtir.

17. — Il y emploie le cuir et les fourrures, qui sont les dépouilles de certains animaux.

18. — Il y emploie des fibres provenant de l'écorce du chanvre et surtout du lin et les filaments du coton; il en fait de la toile et d'autres étoffes.

19. — Il y emploie la laine des moutons et en tisse des draps, des mérinos et autres lainages. — Il y emploie la soie provenant du ver à soie, qui est la chenille d'une espèce de papillon, et il tisse avec ce filament les soieries, qui sont les plus belles de nos étoffes.

Logement.

20. — La maison abrite l'homme contre les injures du temps.

21. — Elle est construite avec des pierres, des briques, du ciment, du bois, du fer et quelques autres métaux. — Presque tous ces matériaux proviennent de l'intérieur de la terre; ce sont des produits des mines ou des carrières; c'est ce que l'on appelle des minéraux. — Le bois seul provient de certains arbres.

22. — Les ustensiles en poterie et en verre sont encore fabriqués avec des minéraux.

23. — Le papier tapisse les murs de nos chambres; mais il a d'autres usages plus importants. Il sert à conserver et à communiquer, par l'écriture, ce que nous pensons et ce que nous sentons. — Le papier est fabriqué avec des chiffons de lin, de chanvre ou de coton, de sorte qu'il est tiré de trois plantes.

24. — En résumé, l'homme est assailli par de nombreux besoins. Pour les satisfaire, il a son intelligence, en lui-même, et, au dehors, les êtres naturels qui l'entourent, animaux, plantes et minéraux. — Son industrie a pour but d'utiliser le mieux possible les uns et les autres pour ses divers besoins matériels.

QUESTIONNAIRE.

16. *Après le besoin d'apaiser sa faim, quels sont encore ceux auxquels il faut pourvoir?* — 17. *Quelles ressources mettons-nous d'abord à profit pour nous vêtir?* — 18. *D'où tirons-nous le linge?* — 19. *D'ou tirons-nous les draps et les autres lainages? D'où tirons-nous les soieries?* — 20 et 21. *Quelles sortes de matériaux emploie-t-on pour faire une maison? Quelle est leur origine?* — 22. *D'où proviennent le verre; les poteries?* — 23. *Quels services tout spéciaux l'intelligence de l'homme tire-t-elle de l'emploi du papier?*

CHAPITRE III.

L'HOMME AU MILIEU DES ÊTRES TERRESTRES

25. — La vie humaine a une durée limitée. — Nous sommes placés sur la terre pour n'y rester qu'un certain temps, le temps d'une *vie humaine*. A l'âge où l'on vient à l'école, on est *enfant*. Cela veut dire que l'on n'a pas encore le développement et la taille d'un *homme*. Quand vous aurez atteint cette taille, et que votre intelligence et votre cœur seront développés de manière à vous conduire vous-mêmes, vous serez *adultes*. Puis, *trente-cinq* ans plus tard, vous serez *vieux* et vous approcherez peu à peu du terme de la vie.

26. — Les âges de la vie. — *L'enfance* débute dans *les bras* de notre mère, lorsque celle-ci *commence à nous nourrir* de son *lait* ; elle se termine *vers* 12 ans ; l'âge suivant est *l'adolescence*, qui dure jusqu'à 18 ans. La *jeunesse* s'étend de 18 à 25 ans. Après cela l'homme entre dans l'*âge mûr*. C'est la plus longue période de sa vie. C'est celle où il a le plus de force, le plus d'intelligence et le plus d'activité. C'est l'âge où il est le plus en état de venir en aide aux êtres plus faibles, enfants et vieillards ; c'est celui où son *travail* est productif. L'âge mûr est fini à 60 ans. Alors commence la *vieillesse*. Les forces s'amoindrissent. L'intelligence leur survit et utilise ce qu'une longue expérience lui a enseigné. Enfin de 72 à 74 ans vient la décrépitude. L'homme descend peu à peu vers la mort. Chacun de nous est remplacé ici-bas par ses enfants. C'est ainsi que l'espèce humaine, dont tous les individus ne vivent qu'un temps, se perpétue en se renouvelant sans cesse.

27. — La vie des animaux et des plantes. — Les

animaux et les plantes sont soumis à la même destinée que les hommes. Leur existence ne dure qu'un certain temps, et de nouveaux êtres *naissent* incessamment pour prendre la place de ceux qui *meurent* chaque jour. Ces êtres nouveaux *ressemblent à leurs parents.* Jamais vous ne verrez dans une portée de petits chats un animal qui ait la conformation d'un chien. En un mot, *tout animal ressemble à son père et à sa mère.* C'est ainsi que se conservent les *espèces.*

N'en est-il pas de même pour les plantes ? Demandez à un cultivateur si le grain du blé de l'année précédente pourrait donner, étant semé, une autre plante que du blé.

Les animaux et les plantes sont donc des êtres vivants comme les hommes. Les uns comme les autres ont une existence limitée. Ils donnent le jour à de jeunes individus qui les remplacent et leur ressemblent. Les hommes l'emportent d'ailleurs par certains dons naturels sur tous les autres êtres vivants.

28. — La supériorité de l'homme. — D'abord y a-t-il dans la nature un être doué de la parole et d'une intelligence aussi étendue ? Grâce à cette combinaison de deux facultés merveilleuses, chaque enfant reçoit de ses parents une *éducation* qui lui apprend à distinguer le *bien* du *mal* et à *faire le bien, en s'abstenant de faire le mal.* En outre, à la voix de son père et de sa mère, à la voix de ses maîtres, l'enfant *s'instruit* de tout ce qu'ils savent eux-mêmes. Aucun animal n'a ce précieux privilège.

Il y a un autre genre de facultés qui élève les hommes bien plus haut encore. *Tous les hommes portent des jugements sur leurs propres actions.* Lorsqu'un homme a mal fait, il en éprouve un regret pénible que l'on appelle le *repentir*, le *remords* ; au contraire, lorsqu'il a bien fait, il en est récompensé par la satisfaction qu'il éprouve ; cette conduite lui a toujours coûté un effort, et il est heureux d'avoir eu le *courage de bien faire* en obéissant aux enseignements de ses parents. Pour obéir ainsi, il faut avoir en soi de la force, de la *vertu*.

Le sentiment que nous avons du bien et du mal, c'est ce que l'on appelle le *sentiment de la moralité* ; la faculté que nous avons de juger nos actions et de nous reprocher celles qui sont mauvaises, se nomme la *conscience*. L'homme seul en est doué parmi toutes les créatures vivantes.

29. — **Les points de ressemblance des animaux avec l'homme.** — L'homme et les animaux sont pourvus de *sens*, par lesquels ils peuvent *connaître ce qui les entoure*. Leur peau est *sensible* à ce qui la *touche*. Ils *goûtent* leurs aliments, *flairent* les odeurs, *entendent* les sons et *voient* les objets. L'homme et les animaux sont, en un mot, doués de la *sensibilité* ou *faculté de sentir*.

Ils sont aussi capables d'*exécuter à volonté des mouvements*. Cette faculté de *remuer*, comme on dit vulgairement, est celle qui distingue le plus nettement les animaux. Si l'on hésite sur la nature d'un être ; si l'on se demande : N'est-ce pas un animal ? on est tout aussitôt porté à le toucher ; s'il remue, on conclut qu'il a senti. On s'est assuré, de cette façon, que cet être est à la fois sensible et doué de mouvement volontaire, que, par conséquent, c'est un animal.

30. — **L'infériorité des plantes comparativement aux animaux.** — Les plantes ou végétaux n'ont au contraire ni la faculté de sentir, ni celle d'exécuter des mouvements par le fait de la volonté ; ce sont encore des *êtres vivants* ; nous l'avons dit plus haut ; mais ce sont des *êtres vivants dépourvus de sensibilité et de mouvement volontaire*. Ils se bornent à *se nourrir* et à *se propager*

en donnant naissance à de nouveaux êtres semblables à eux.

31. — Le règne animal, le règne végétal. — D'après ce que nous venons de voir, l'homme reconnaît autour de lui, dans la création, *deux grandes séries d'êtres vivants*. On les désigne très souvent sous les noms de *règne animal* et *règne végétal*.

32. — Les minéraux ou corps bruts; le règne minéral. — On emploie une troisième dénomination : on dit le *règne minéral*. Que signifie cette nouvelle expression ? Elle désigne des créatures qui ne sont pas vivantes : par exemple, les divers corps qui composent le sol. Ainsi une *pierre*, des *cailloux*, du *charbon de terre*, du *marbre*, de la *terre glaise*, sont autant de *minéraux*. Ce sont des *corps bruts*, c'est-à-dire absolument *dépourvus de vie*. Prenez un morceau de pierre ; enfermez-le dans une armoire, à l'abri de tout ce qui pourrait le détruire. Dans bien des années vous le retrouverez tel que vous l'y avez mis. Sans rien prendre, il s'est conservé et n'a éprouvé aucun changement. Si l'on essayait pareille expérience sur un animal, un petit oiseau, par exemple, ou sur une plante, le résultat serait tout différent. Enfermé sans air et sans nourriture, notre oiseau périrait infailliblement. D'ailleurs, eussiez-vous pris le soin de le nourrir et de lui donner l'air nécessaire, il viendrait toujours un temps où cet animal mourrait de vieillesse. Il en serait de même pour la plante.

33. — L'homme tire des trois règnes, des matières premières. — C'est dans les trois règnes de la création que l'homme sait trouver tout ce dont il a besoin. Mais il lui faut un long travail pour transformer les objets naturels de façon à en tirer les services qu'il en attend. Ce que nous fournit la nature pour satisfaire à nos besoins, c'est ce qu'on appelle la *matière première*.

Prenons un exemple fort simple. Pour construire son habitation, un homme a besoin de *pierres*. La nature en tient en réserve ; mais elles sont dans le sein de la terre. Il faut d'abord reconnaître un endroit où il en existe ; car il n'y en a pas partout. Cet endroit reconnu, il faut creuser un trou profond pour parvenir jusqu'à la partie du sol qui les renferme. Arrivé là, il faut extraire du sol les pierres dont on a besoin et les remonter jusqu'à la surface. Ces *pierres* sont des *matières premières* de la maison.

34. — L'industrie humaine transforme les matières premières en produits ouvrés. — On ne peut, pour construire, employer ces pierres telles qu'on les a tirées de la carrière. Il faut les dégrossir, les tailler suivant les dimensions convenables. Voyez que de travail ! Eh bien ! il en est de même pour toutes choses. Ce travail qui a pour objet de se procurer la matière première et de la transformer en un produit dont nous puissions nous servir pour nos besoins, c'est ce qu'on nomme *l'industrie* de l'homme. A travers mille difficultés, elle convertit les *matières premières* en *produits ouvrés*. Ainsi, d'un *minéral* l'homme extrait du *fer* : voilà une *matière première*. Mais, continuant son œuvre, il façonne un *fer de bêche* : voilà un *produit ouvré*. Ce mot *ouvré* veut dire travaillé, mis en œuvre. La *laine* coupée sur le dos d'un mouton est une *matière première*. Le *drap* fait avec cette laine est un *produit ouvré*.

Du reste, les exemples de ces opérations industrielles ne nous manqueront pas. Car nous allons nous entretenir successivement des industries qui nous fournissent les produits les plus nécessaires.

RÉSUMÉ DU CHAPITRE III.

25. — La vie humaine est une période d'années comprise entre la naissance et la mort.

26. — Elle débute par l'enfance. — Vers 12 ans vient l'adolescence. — Vers 18 ans lui succède la jeunesse. — A 25 ans commence l'âge mûr ou âge adulte, qui se prolonge jusqu'à 50 ans. C'est l'âge où les diverses facultés ont leur plus grand développement. — A 60 ans arrive la vieillesse; puis, de 72 à 74 ans, la décrépitude. — Les hommes que la mort enlève sont remplacés par les enfants qui viennent au monde. — Ainsi l'espèce humaine se perpétue, bien que composée d'individus mortels.

27. — Les animaux et les plantes ont, comme les hommes, une vie limitée qui se compose d'âges successifs. — Les uns comme les autres sont des êtres vivants.

28. — L'homme est supérieur à tous les êtres vivants par l'étendue de son intelligence et par le don de la parole. — Il leur est supérieur par la faculté de recevoir de ses parents une éducation qui lui enseigne à connaître et à aimer le bien, à détester et à éviter le mal. — Enfin l'homme est surtout supérieur aux autres créatures vivantes par le sentiment de moralité qui l'oblige à se repentir quand il a mal fait.

29. — Il est, comme les animaux, doué de sens pour connaître ce qui l'environne. — Il a aussi, comme eux, la faculté de faire des mouvements par sa volonté.

30. — Les plantes sont dépourvues de la faculté de sentir et de celle d'exécuter des mouvements volontaires. — Tous les êtres vivants, quels qu'ils soient, se nourrissent et se propagent.

31. — Il existe en dehors de l'homme, deux séries de créatures vivantes : le règne animal et le règne végétal.

32. — Les corps terrestres qui ne sont pas vivants sont les corps bruts ou minéraux; ils forment le règne minéral. Leur existence n'a pas de limites fixes. — Ils n'ont la faculté ni de se nourrir, ni de se propager.

33. — On nomme matières premières les matières que la nature nous fournit pour satisfaire à nos besoins. — Elles proviennent des animaux, des végétaux ou des minéraux.

34. — Pour approprier les matières premières à nos

besoins, nous les transformons en produits ouvrés. — Le travail par lequel nous produisons ce changement est l'industrie de l'homme.

QUESTIONNAIRE.

25 et 26. *Quels sont les divers âges de la vie humaine ? Quel est l'âge du complet développement de l'homme ? Comment, bien que les hommes soient mortels, l'espèce humaine se perpétue-t-elle ?* — 27. *Y a-t-il des êtres semblables à l'homme pour la durée limitée de l'existence ? Quels sont-ils ?* — 28. *Quels sont les dons naturels qui élèvent l'homme au-dessus des autres êtres vivants ?* — 29. *Quelles sont les facultés communes à l'homme et aux animaux ?* — 30. *Quelles sont les facultés communes à tous les êtres vivants, hommes, animaux et plantes ?* — 31 et 32. *Quels sont les trois règnes de la nature ?* — 33. *Où trouvons-nous les ressources nécessaires pour satisfaire à nos besoins ? Qu'appelle-t-on matières premières ?* — 34. *Que nomme t-on produits ouvrés ? Comment l'homme avec les matières premières obtient-il des produits ouvrés ?*

CHAPITRE IV.

LE MOULIN ET LA BOULANGERIE.

35. — Le boulanger fait et vend du pain. — Dans nos villes, dans les bourgs, même dans les gros villages, lorsqu'on veut du pain, on va en acheter chez le *boulanger*. Son métier est de faire du pain et de le vendre. Dans les fermes isolées, dans les hameaux qui comptent seulement quelques maisons, dans certains petits villages, il n'y a pas de boulanger. C'est la ménagère qui fait, une ou deux fois par semaine, le pain nécessaire aux gens de la maison. Dans tous les cas, *pour faire du pain il faut de la farine.*

36. — La farine peut donner de la pâte. — Qu'appelle-t-on de la *farine* ? C'est une poussière blanche très fine, très douce au toucher. Si on y ajoute un peu d'eau, il suffit de la pétrir quelque temps entre les doigts, pour obtenir une pâte flexible et qui s'étire lorsqu'on cherche à la diviser.

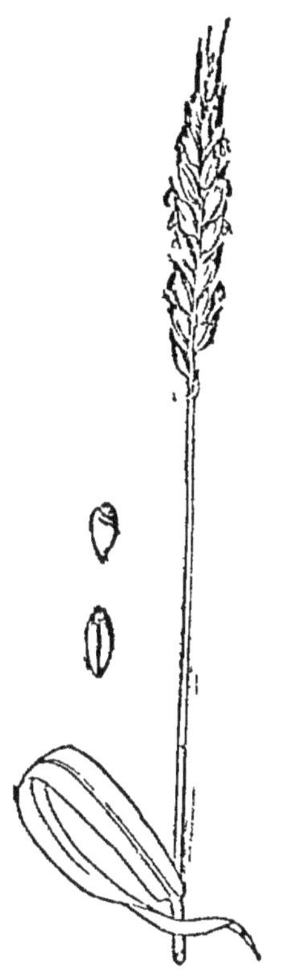

Fig. 12. — Tige de Froment portant un épi en fleur. — A côté sont figurés deux grains vus de deux sens opposés. L'épi est représenté au tiers de la grandeur naturelle; les grains, 2/3 de gr. nat.

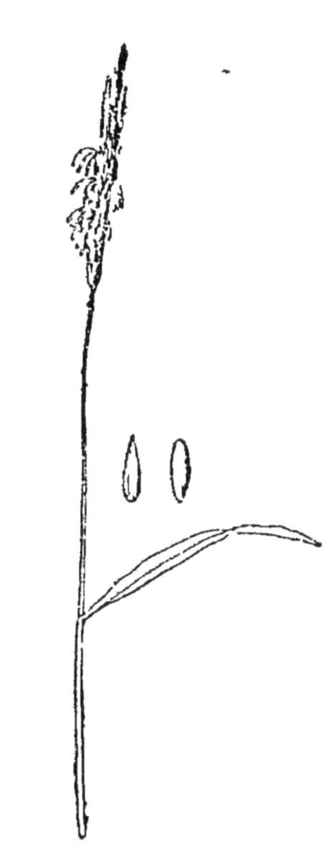

Fig. 13. — Tige de Seigle portant un épi en fleur (1/3 de gr. nat.). — A côté, deux grains vus de deux sens opposés (2/3 de gr. nat.).

37. — La matière première de la farine est le grain. — La *farine* s'obtient en écrasant à sec, des *grains* que produisent certaines plantes auxquelles on donne le nom général de *céréales*. Ce nom nous vient des anciens. Les Grecs et les Romains honoraient d'un culte particulier une déesse qu'ils appelaient *Cérès*. Suivant leurs croyances, elle protégeait les cultivateurs. En échange de leurs *travaux*, elle leur donnait les *récoltes*. La plus précieuse des récoltes que leur accordait

FIG. 14. — Epi d'Orge mûr (1/2 de gr. nat.).

FIG. 15. — Un panicule, ou épi ramifié d'Avoine (1/2 de gr. nat.). — A côté, deux grains inégaux et plus bas deux autres enveloppés de leurs balles (1/2 de gr. nat.).

Cérès était celle des plantes dont ils tiraient du pain; lorsqu'on revenait des champs pour les rentrer dans les greniers, on célébrait une fête pour remercier la déesse. Voilà pourquoi les *céréales* ont gardé depuis bien longtemps un nom qui signifie en réalité : *les dons de Cérès*.

38. — Les grains qu'on emploie à faire du pain. — La meilleure des plantes dont on peut faire du pain est le *froment*, que dans notre pays l'on appelle communément le *blé*. On peut encore employer le *seigle*, soit mélangé avec le froment, soit seul. Enfin, faute de mieux, on peut se servir d'*orge* ou même d'*avoine*. Ces quatre plantes sont des herbes que l'on sème chaque année.

39. — Les épis. — Elles produisent des *grains* remplis de farine. Chaque brin de *froment* se termine par un *épi* qui porte réunis un grand nombre de grains. Le *seigle* et l'*orge* ont une conformation semblable. L'*avoine* seule est différente. Au lieu d'être rapprochés les uns des autres, ses grains sont portés au bout de minces filaments qui sont des ramifications du brin d'herbe.

Fig. 16. — Deux grains de froment ; celui de droite entier, celui de gauche fendu dans sa longueur et suivant la rainure qu'il présente (3 fois grands comme nature) ; la partie blanche est la farine ; au bas est le germe.

40. — Les balles du grain ; le dépiquage ou le battage. — Les *grains* sont protégés chacun par plusieurs paillettes que l'on appelle les *balles*. Il est nécessaire, quand la récolte est faite, de faire sortir les *grains* des *balles*. Pour cela il faut secouer fortement les épis. Dans le midi de la France, on les étale sur un terrain bien uni et bien battu que l'on appelle l'*aire* ; et l'on fait passer dessus un petit chariot ou un rouleau, traîné par une mule. Cela s'appelle le *dépiquage*. Dans le nord de la France, on ne *dépique* pas, on *bat* le blé sur l'aire. Cela veut dire qu'on le frappe avec un fléau en bois. Aujourd'hui l'usage se répand de plus en plus de *battre* le blé au moyen d'une machine appelée *batteuse*.

41. — Le meunier et son moulin. — Le grain se conserve dans des greniers jusqu'au moment où l'on a besoin de le réduire en farine. Ceci regarde le *meunier*. Le *meunier* ou *moulinier* est l'homme du *moulin*, et voici ce que c'est que le moulin. Pour moudre le grain, c'est-à-dire pour le réduire en farine, on l'écrase entre deux pierres rugueuses que l'on appelle des *meules*. Ces pierres ont la forme de grandes roues. On les place couchées horizontalement. L'une d'elles est fixe : c'est la *meule gisante* ou *dormante*. L'autre, qui est en dessus, peut tourner assez rapidement : c'est la *meule courante* ou *volante*. Le grain est introduit entre les deux meules, et quand la supérieure tourne, il est écrasé entre les deux et sort de là réduit en *farine* et en *son*. Le *son* provient de la mouture des enveloppes extérieures du grain ; il est jaune roussâtre. La *farine*, qui est plus ou moins blanche, provient de l'intérieur du grain.

FIG. 17. — Vue de l'intérieur d'un Moulin à farine ; on y voit deux paires de meules ; près de celle qui est en avant à gauche, un garçon meunier transporte un sac de farine sur un petit chariot. Les roues dentées que l'on voit dans le haut, font partie du mécanisme qui fait tourner les meules.

43. — Moulins à eau, à vent, à vapeur. — La meule volante a un poids considérable ; il faut donc une force assez grande pour la faire tourner. Tantôt on emploie celle d'un cours d'eau qui pèse sur une roue motrice. Celle-ci, à mesure qu'elle tourne au fil de l'eau, fait tourner la meule. C'est alors un *moulin à eau*. D'autres fois c'est le vent qui agit sur de grandes ailes où sont étendues des toiles : c'est un *moulin à vent*. Enfin il y a des *moulins* qui marchent au moyen d'une *machine à vapeur*.

43. — Le moulin donne diverses qualités de farine. — Il y a plusieurs qualités de farine ; dans le moulin même il se fait un triage. Le son est d'abord séparé de la farine. Puis les diverses sortes de farine sont recueillies à part. Les plus belles qualités sont désignées sous le nom de *gruaux*. En épurant ceux-ci par de nouvelles moutures, on obtient la *semoule*. Au-dessus des gruaux, il y a la *farine blanche* et la *farine bise*.

FIG. 18. — Boulanger travaillant au pétrin ; sur la planche, plusieurs pannetons vides.

44. — Les meuniers vendent aux boulangers. — Les meuniers, dans les campagnes, livrent directement la farine aux paysans qui leur ont confié le grain pour le moudre. Pour approvisionner les villes, il existe au contraire un commerce considérable. Les marchands de farine, qui sont des meuniers maîtres de moulins très importants, vendent les farines aux *boulangers*.

Dans les grandes villes, les boulangers ont du pain nouvellement fait pour chaque jour. Aussi leur travail se fait-il pendant la nuit.

45. — Le pain est formé de pâte que l'on fait lever. — Nous avons vu précédemment qu'en mêlant de la *farine* et de l'*eau*, et en pétrissant ce mélange avec les mains, on obtient une *pâte* d'autant plus souple et plus filante qu'elle est mieux pétrie. Si l'on se bornait à la faire cuire dans cet état, on aurait une espèce de galette compacte et insipide. On aurait en un mot du *pain sans levain*. Les boulangers mêlent à la pâte une petite quantité d'une matière appelée *levain* ou *levûre*. Ainsi pré-

FIG. 19. — Fournil et four de boulanger; l'un des ouvriers enfourne au moyen de pelles de bois à très long manche; l'autre apporte des pannetons chargés de pâtons bons à mettre au four.

parée, la pâte, abandonnée à elle-même pendant plusieurs heures, *se soulève* et *se gonfle* peu à peu. Elle se creuse intérieurement d'une quantité de petits trous que l'on nomme les *yeux du pain*, et que l'on voit encore dans la *mie* du pain, lorsqu'il est cuit. Si la pâte *lève* ainsi, c'est parce qu'elle *fermente* intérieurement sous l'influence de la *levûre*. Le résultat de la fermentation est de faire naître dans la pâte une sorte d'*air* ou de *gaz* appelé *acide carbonique*.

46. — Quand le pain lève, la pâte se gonfle comme le fait la bière qui mousse. — C'est ce même gaz qui produit la mousse du vin de champagne, de la bière et de l'eau de seltz. La mousse est formée d'une multitude de petites bulles contenant de l'acide carbonique et enveloppées d'une couche liquide. Il se passe dans l'intérieur de la pâte quelque chose du même genre. Pendant que le pain fermente, on peut dire que la pâte semble *mousser*. Il s'y forme de toute part des bulles de gaz enveloppées de pâte. C'est là l'opération essentielle de la fabrication du pain.

47. — On pétrit la pâte dans le pétrin. — Le travail de la boulangerie se fait dans une caisse en bois que l'on nomme le *pétrin*. Dans beaucoup de campagnes, on l'appelle plutôt *huche* ou *maie*. C'est là dedans que l'ouvrier boulanger mélange la farine et l'eau ; puis il ajoute le levain et plusieurs poignées de sel. Quand le mélange est fait, il procède au *pétrissage*, opération extrêmement fatigante. Il fait des mouvements violents en soulevant et rejetant ensuite la pâte dans le pétrin. Il pousse en même temps des espèces de gémissements pour s'aider dans ses efforts. Enfin il partage la pâte en *pâtons*, dont chacun doit faire un pain. Il met les pâtons dans des *pannetons* ou corbeilles garnies intérieurement de grosse toile.

48. — Quand les pâtons sont bien levés, on les cuit au four. — Au bout de quelques heures, le pain est suffisamment levé. Alors on le met au four. Celui-ci a été chauffé avec du bois que l'on y a fait brûler. Il n'y reste plus que de la braise lorsqu'on se dispose à y mettre le pain. On ôte la braise et les cendres, et, tirant les pâtons des pannetons, on les introduit dans le four avec de longues pelles en bois. Quand on a fini d'*enfourner*, on referme le four et on laisse cuire jusqu'à ce que la croûte des pains ait pris une dureté et une couleur convenable. Alors on rouvre le four, on en retire les pains et on les met refroidir debout et sépar

49. — Diverses qualités de pain. — Dans les grandes villes de France, on fait en général des pains de trois catégories. C'est d'abord le *pain ordinaire*, qui est habituellement de deux qualités. Celui de seconde qualité est fait avec des farines aussi bonnes, mais moins bien épurées. Au-dessus du pain ordinaire sont les *pains de luxe*, faits avec des farines de choix. Une troisieme catégorie comprend le *pain de munition* que l'on fabrique pour la nourriture des soldats. Le *pain de ménage* de la plupart des campagnes de la France est fait avec un mélange de *farine de froment* et de *farine de seigle.* Le plus souvent il y a quantités égales de l'une et de l'autre. Le pain ainsi préparé a besoin d'être cuit plus longtemps. Mais il est nourrissant, il a bon goût et il devient rassis plus lentement que le pain ordinaire.

50. — Le pain de seigle. — Quant au pain fait exclusivement avec de la farine de *seigle*, il a un aspect peu agréable. Sa couleur est brune. Il est lourd à digérer. Mais il a une odeur assez engageante, et il reste frais beaucoup plus longtemps que le pain de froment.

Le pain d'*orge* est gris, lourd et grossier ; il se dessèche beaucoup trop vite et se digère très lentement. Le pire de tous les pains est celui que l'on fait avec de l'*avoine.* Il est noir, compacte et s'égraine facilement. Il est amer et d'un goût repoussant. De plus, il se gâte très vite.

51. — Le biscuit de marine. — On appelle *biscuit de marine* ou *galette* une espèce de pain que l'on fabrique pour les approvisionnements des navires qui doivent faire de longues traversées. En temps de guerre, on met aussi du biscuit à la disposition des soldats, lorsqu'ils sont en campagne. C'est du pain fait de manière à se dessécher rapidement, afin de se conserver sans aucune altération. Il est découpé *en petites tablettes* rondes ou carrées.

RÉSUMÉ DU CHAPITRE IV.

35. — Les ménagères font le pain dans les campagnes. Dans les villes, les bourgs et les gros villages, ce sont les boulangers qui font le pain et qui le vendent.

36. — Le pain se fait avec de la farine.

37. — La farine se tire des grains de céréales.

38. — Le froment est la meilleure des céréales pour faire le pain. — On emploie aussi le seigle, l'orge et même l'avoine.

39. — Les grains sont contenus dans l'épi.

40. — Ils y sont enveloppés dans les balles. — On les en tire par le dépiquage ou le battage.

41. — Pour réduire le grain en farine, on le livre au moulin. — Le moulin broie le grain entre deux meules, l'une dormante, l'autre courante. — Le grain se réduit par la mouture en farine et en son; le son vient des parties extérieures; la farine, des parties intérieures.

42. — Les meules du moulin tournent par un mécanisme que leur communique le mouvement d'une rivière qui coule, du vent qui souffle ou d'une machine à vapeur. — Aussi distingue-t-on les moulins à eau, les moulins à vent et les moulins à vapeur.

43. — On obtient plusieurs qualités de farine. — Les plus belles sont les gruaux; les gruaux épurés donnent la semoule.

44. — L'approvisionnement des grandes villes est l'objet d'un grand commerce de farines.

45. — Pour faire le pain, on fait de la pâte avec de la farine et de l'eau, et on la fait lever avec du levain ou levûre. — La pâte mêlée à un peu de levûre, fermente intérieurement; elle se gonfle et se remplit en dedans de bulles d'acide carbonique, qui produisent dans la mie les yeux du pain.

46. — On peut comparer la pâte qui lève par fermentation, à du vin ou de la bière qui mousse. — Le gaz acide carbonique produit les bulles de la mousse et les trous de la mie du pain.

47. — L'ouvrier boulanger pétrit la pâte dans une caisse en bois nommée pétrin, huche ou maie. — Il la divise ensuite en pâtons qu'il met dans les pannetons.

48. — Les pâtons fermentent et lèvent pendant quelques heures. — On les met ensuite cuire au four, où ils deviennent des pains.

49. — Dans les grandes villes, on fait trois sortes de pains : 1° pains ordinaires de deux qualités; 2° pains de luxe ; 3° pains de munition. — Le pain de ménage de nos campagnes renferme ordinairement moitié de farine de froment et moitié de farine de seigle.

50. — Le pain de seigle est d'un aspect peu attrayant, mais d'une bonne odeur, et il reste longtemps frais. — L'orge et l'avoine font du mauvais pain.

51. — Le biscuit de marine ou galette est du pain de conserve.

QUESTIONNAIRE.

35 et 36. *Avec quoi fait-on le pain ?* — 37 à 40. *Qu'appelle-t-on céréales ?* — 41. *Qu'est-ce qu'un moulin ? Quest-ce que la farine? Qu'est-ce que le son ?* — 42. *Qu'est-ce qu'un moulin à eau ou un moulin à vent ?* — 43 à 45. *Comment fait-on la pâte du pain ?* — 46. *Quel effet produit la levûre sur la pâte ?* — 47 et 48. *Comment cuit-on le pain ?* — 49. *Combien y a-t-il, dans les grandes villes, de sortes de pain ? Qu'est-ce que le pain de ménage ?* — 50. *Fait-on du pain avec d'autres farines que celles du froment ?* — 51. *Qu'appelle-t-on biscuit de marine ?*

CHAPITRE V.

PATES D'ITALIE ET PATISSERIES.

52. — Le vermicelle et le macaroni. — Vous avez certainement mangé plus d'une fois du potage au *vermicelle.* Vous vous rappelez y avoir vu, soit dans du bouillon gras, soit dans du lait, soit dans du bouillon aux légumes, des filaments blanchâtres assez semblables à des vers : de là vient le nom qu'ils portent. Quand le vermicelle est sec, il est raide et cassant.

Connaissez-vous ce que nous nommons du *macaroni* ? Cela rappelle beaucoup le vermicelle, mais la forme est un peu différente ; ce sont des petits tuyaux. Le *vermicelle* et le *macaroni* ne sont autre chose que de la pâte de farine très épurée et soigneusement pétrie. Pendant qu'elle est mouillée, on la presse dans un vase dont le fond est percé de trous ronds par lesquels elle sort en prenant la forme que vous connaissez ; on la sèche ensuite avec soin.

C'est ce que l'on appelle des *pâtes d'Italie*, parce que, pendant longtemps, l'on n'en faisait que dans ce pays, et surtout à Naples, Livourne, Gênes et Turin. Depuis la fin du XVIIIe siècle, la France a essayé de fabriquer des pâtes du même genre, et elle y a parfaitement réussi. Celles que l'on fait à Clermont-Ferrand ne le cèdent en rien à celles que produisent encore les fabriques italiennes. Aussi a-t-on en partie perdu l'habitude, en France, de dire des *pâtes d'Italie*, on préfère les désigner sous les noms de *pâtes alimentaires* ou de *pâtes d'Auvergne*.

53. — Les pâtes à potages. — Les *petites pâtes* ou *pâtes à potages* sont préparées de même, mais n'ont pas du tout la même forme. Vous vous rappelez en effet en avoir vu dans votre assiette avec des formes d'étoiles, de croissants, de lettres, de chiffres.

Les trous par lesquels on fait sortir la pâte ont, par exemple, la forme d'une étoile. A mesure que la pâte sort modelée de cette façon, un couteau, qui va et vient régulièrement, la coupe en petites lames. Chaque tranche aura nécessairement la forme d'une étoile.

54. — La boutique du pâtissier. — Nous allons maintenant parler des pâtisseries. C'est certainement bien plus intéressant pour vous que les pâtes alimentaires. Imaginez-vous que nous voici dans la boutique du pâtissier.

Ici c'est une tablette chargée de pâtés de diverses grosseurs. Là-bas ce sont des tartes aux fruits, des biscuits glacés au sucre, des gâteaux à la crème. Tout cela c'est de la *pâtisserie*, et, si vous y faites attention, ce nom vous dit assez que toutes ces friandises sont principalement faites avec de la *pâte*. Ainsi c'est encore de la farine délayée et pétrie avec de l'eau ; seulement, comme on tient à lui donner un goût agréable, on y ajoute du sel, du beurre et des œufs.

55. — **Les pâtés de grande renommée.** — Rien n'est plus varié que les pâtisseries, surtout celles qui doivent être mangées aussitôt qu'elles sont faites. Celles qui peuvent se conserver un certain temps, et que l'on expédie au loin sur commande, sont beaucoup moins exposées aux caprices de la mode. On tient au contraire à leur conserver l'aspect sous lequel elles ont acquis leur bonne renommée. Qui ne connaît ces fameux *pâtés de Strasbourg* que l'on expédie, non seulement en Europe, mais même au delà des mers? Leur croûte épaisse et très peu altérable entoure et recouvre un salmis de foies d'oies grasses parsemés de truffes. Beaucoup d'autres villes de France ont quelque célébrité de ce genre ; Pithiviers, Périgueux, Amiens, Chartres, Nérac, Toulouse.

56. — **Le pain d'épice.** — Mais voici l'une des pâtisseries les plus chères aux enfants, le *pain d'épice* ! C'est encore un produit de farine. Le pain d'épice le plus fin est une pâte de farine de froment contenant du miel. D'autres fois on se sert de farine de seigle. Puis on y ajoute souvent de l'écorce d'orange, de l'anis ou des tranches d'amandes, pour lui donner du goût. Si vous achetez des pains d'épice à bas prix, je ne vous réponds pas qu'ils contiendront du miel. Le plus souvent, par économie, on aura préféré y mettre de la mélasse : ce qui est loin de lui donner la même saveur.

Les meilleurs pains d'épice de France se font à Dijon. Viennent ensuite ceux de Paris, de Reims, d'Arras, de Douai et de Cambrai.

57. — Biscuits et autres gâteaux secs. — Nous ne pouvons quitter la pâtisserie sans vous rappeler plusieurs espèces de *gâteaux secs*, dont plus d'une fois vous avez mangé. Je veux parler des *macarons*, des *croquets*, des *madeleines*, des *petits fours*. La France produit en grande quantité des *biscuits façon de Reims*. L'Angleterre lui fait concurrence avec ce qu'on appelle les *biscuits anglais*. La fabrication de ces gâteaux secs a pris dans les deux pays une telle importance que depuis longtemps déjà elle se fait au moyen de machines : ce qui permet d'en produire un bien plus grand nombre dans le même temps.

RÉSUMÉ DU CHAPITRE V.

52. — Le vermicelle et le macaroni sont faits de pâte de farine de froment séchée. — Ce sont des pâtes d'Italie, nommées aussi pâtes d'Auvergne, ou pâtes alimentaires.

53. — Les pâtes à potages sont des pâtes alimentaires découpées en petites figures.

54. — Les pâtisseries sont faites avec de la pâte fraîche de farine de froment, à laquelle on ajoute du sel, du beurre et des œufs.

55. — Il y a des pâtisseries faites pour être mangées tout de suite. Il y en a d'autres qui sont faites de façon à se conserver quelque temps. Celles-ci peuvent être transportées ou envoyées même à de grandes distances ; on en peut faire un grand commerce. Tels sont beaucoup de pâtés célèbres, ceux de Strasbourg, de Pithiviers, de Nérac, etc.

56. — Le pain d'épice est une pâtisserie de conserve, faite de farine de froment ou de seigle, avec du miel.

57. — Les biscuits, macarons, croquets, madeleines et autres gâteaux secs sont l'objet d'un commerce considérable en Angleterre et en France.

QUESTIONNAIRE.

52 et 53. *Que nomme-t-on pâtes alimentaires, pâtes d'Italie ou pâtes d'Auvergne ? De quoi sont-elles faites?* — 54. *Avec quoi fait-on les pâtisseries?* — 55. *Quelles sont les principales pâtisseries de conserve ?* — 56. *Qu'est-ce que le pain d'épice?* — 57. *Quelles sont les principales sortes de gâteaux secs?*

CHAPITRE VI.

LES VIANDES FRAICHES OU CONSERVÉES.

58. — Pour que nous mangions de la viande, il faut que l'on tue des animaux. — Lorsqu'on est assis à table devant une côtelette bien accommodée, ou lorsqu'on place sur son assiette une tranche de filet de bœuf, on ne pense guère au malheureux animal dont on va manger les débris. L'art de la cuisinière a su leur donner un aspect des plus appétissants. Cependant, si l'on y veut réfléchir, il n'y a pas un de ces morceaux de *viande* dont vous vous régalez, qui n'ait exigé le meurtre d'un animal. Lorsqu'en mangeant du pain, des haricots, des pois verts, vous recherchez d'où ils proviennent, il n'y a dans leur histoire ni meurtre ni sang. Mais allez un peu à la boucherie : c'est tout autre chose. Autour de vous, c'est tout un étalage de morceaux de viande fraîche. Le boucher lui-même a du sang aux mains ; il en a à ses vêtements. Il dépèce toute la journée de la viande. En un mot, il fait un métier sanglant.

Mais vous ne voyez là que le moins repoussant. Pour paraître à l'étal de la boucherie, les divers morceaux ont été soigneusement parés. L'animal a été saigné d'avance. Dans sa chair encore chaude on a insufflé avec force de l'air pour lui donner un aspect propre et frais. En un mot, ce qu'on vous montre à la boucherie a été soumis à une sorte de toilette.

59. — Les tueries et les abattoirs. — C'est à l'*abattoir* que se répètent chaque jour des scènes de meurtre, vraiment repoussantes. Qu'est-ce que l'abattoir ? Le nom même vous le dit : c'est un endroit où l'on *abat*. Or *abattre* ne signifie pas autre chose que *tuer*. L'abattoir est l'établissement où sont remisés les bœufs, les veaux, les moutons vendus pour la boucherie. Les bouchers y vont, chaque jour, mettre à mort les animaux dont ils ont besoin. Voilà un cruel métier. On s'y habitue sans doute ; mais, il faut bien l'avouer, le jardinier cultivant ses fruits et ses légumes et les vendant au marché, exerce un état non moins utile et qui est exempt de ces émouvantes nécessités.

FIG. 20. — Un Bœuf de boucherie (hauteur réelle sur le dos : 1 m. 50).

Dans les campagnes, le boucher tue chez lui. Il a près de son *étal* une salle quelque peu cachée, que l'on appelle sa *tuerie*.

60. — L'abatage d'un bœuf. — Comme vous le pensez bien, *abattre* un bœuf, une vache, un taureau, n'est pas chose facile. Ce n'est pas non plus sans danger. Il faut tuer rapidement et avec adresse, car il faut que l'animal souffre le moins possible. D'ailleurs, si la bête se débat, elle peut compromettre la vie de celui qui est chargé de la tuer. Aussi voyez comment on s'y prend. Autour des cornes, on attache solidement une grosse corde assez courte. On amène le bœuf dans la salle d'abatage, qui est entièrement dallée. Dans l'une des dalles est fixé un fort anneau de fer. On passe dans cet anneau le bout libre de la corde, et on l'y fixe de façon que l'animal soit obligé de demeurer la tête baissée et le nez contre la dalle. Le garçon d'abattoir est auprès de lui, armé d'un lourd merlin. Il le lève et de toute sa force il en assène, entre les deux cornes, un coup aussi vigoureux que possible. Aussitôt, sans un seul cri, l'animal tombe à genoux, puis glisse sur le flanc. Il n'est cependant pas mort ; mais il est étourdi. Plusieurs autres coups viennent compléter l'effet du premier. Alors on plonge dans la poitrine un long couteau qui donne issue à un flot de sang. Le bœuf est donc presque en même temps *assommé*, puis *saigné*. C'est après cela qu'on le *bouffe*, comme disent les bouchers. Dans un trou fait à la peau on introduit le bout d'un grand soufflet ; puis on souffle de l'air de façon à gonfler tout l'espace compris entre cuir et chair. Cela fait, on enlève la peau, on coupe la tête et les quatre pieds, enfin on partage le corps en deux moitiés égales. Dans cet état, on l'apporte à la boucherie.

FIG. 21. — Tête de Mouton de boucherie (25 fois plus petite que nature).

61. — La vie et la mort des animaux de boucherie. — Telle est la fin de l'existence d'un *bœuf*. Cette mort termine une vie de travail. Dans la ferme où il est né, il a, pendant cinq ou six ans, tiré la charrue et traîné de lourds fardeaux. Puis, vers sept ou huit ans, le cultivateur a brusquement changé d'allures envers son vieux serviteur. Il a cessé de lui demander aucun travail ; il lui a chaque jour administré une nourriture propre à l'engraisser. On pourrait croire qu'après ces travaux la pauvre bête a, comme on dit, gagné ses invalides. Il s'agit vraiment de bien autre chose ! On le prépare pour qu'il soit bon à manger ! On l'*engraisse* pour la boucherie.

Quand il sera suffisamment gras, il sera vendu, et quelques jours après il ira finir, comme nous l'avons vu, à l'abattoir.

La destinée du *veau de boucherie* est plus courte et non moins triste. Nourri avec soin, à peine est-il sevré qu'il va directement périr sous le couteau du boucher. Le *mouton* est conservé quatre, cinq ou six années dans les bergeries, pour que l'on puisse récolter plusieurs toisons sur son dos. Ensuite on le met aussi à l'engrais, et il prend à son tour le chemin de la boucherie.

62. — **Le charcutier.** — Quant au *porc* ou au *cochon*, il a pour lui seul des bouchers spéciaux que l'on appelle *charcutiers*. Leur nom rappelle qu'ils vendent plus de chair cuite que de viande crue. Le charcutier, en effet, accommode lui-même une grande partie des morceaux provenant de l'animal qu'il a tué. Aussi l'aspect d'une charcuterie est bien différent de celui d'une boucherie. On y trouve, il est vrai, quelques morceaux de *porc frais*, c'est-à-dire des morceaux de viande non cuite et toute fraîche. Mais, à côté de cela, ce sont des jambons fumés ou salés, ou même accommodés et parés par le charcutier. Ce sont des têtes cuites dressées pour paraître sur la table sous le nom de *hures*. Ce sont des pieds panés ou truffés, des boudins, des saucisses, des saucissons de diverses sortes. La graisse du porc, qui est connue sous le nom de *lard*, sert à préparer le *saindoux*, dont on fait usage dans la cuisine pour remplacer économiquement le beurre.

63. — **On a vainement essayé de s'abstenir de manger de la viande.** — On conçoit que certains hommes aient pris en horreur les scènes de carnage auxquelles nous oblige l'usage de la viande. On comprend qu'à toutes les époques il ait existé des associations de personnes ayant juré de se nourrir exclusivement de légumes et de fruits.

Mais ce régime ne convient pas à des hommes adonnés à de durs travaux manuels, surtout sous des climats froids. Nous avons besoin de manger de la viande, et quelque pénible qu'il soit de répandre le sang, même des animaux, il faut nous y résigner.

64. — Les conserves de viandes par privation de l'air. — Sur les navires, dans les longues traversées, on n'a pas toujours à bord des animaux vivants que l'on puisse abattre quand on en a besoin. Il faut emporter en provision des *conserves*. Lorsque les armées sont en campagne, elles ont aussi besoin d'approvisionnements de ce genre. Comment empêcher que les viandes ne s'altèrent, elles qui se corrompent si facilement ?

Le meilleur moyen consiste à les faire cuire aux trois quarts, à les entasser dans des bocaux ou dans des boîtes de fer-blanc que l'on ferme avec le plus grand soin. Cela fait, on les maintient un certain temps dans l'eau bouillante. De cette façon ces vases ne contiennent plus d'air, et sans air les viandes se conservent sans se gâter. C'est ce qu'on appelle le procédé d'Appert, du nom de l'industriel français qui l'a indiqué.

65. — Les viandes salées. — On connaît beaucoup plus un autre moyen de conservation universellement employé et fort ancien: il consiste à saler la viande. Le sel marin l'empêche de se putréfier. On coupe la viande en morceaux et on a soin d'enlever les os. On frotte les morceaux avec du sel et on les empile dans des barils, où l'on met tour à tour une couche de viande et une couche de sel.

66. — Les viandes gelées et les viandes séchées. — Les pays froids fournissent un singulier moyen de conserver la viande. Pendant l'hiver il gèle sans interruption, et cela dure plusieurs mois. Or la viande gelée se conserve parfaitement tant qu'elle ne dégèle pas. Dans certains pays très chauds (Amérique du Sud), on conserve la viande en la desséchant. On coupe la viande fraiche en minces lanières. On saupoudre celles-ci de farine et on les fait sécher au soleil. Quand elles sont bien sèches, on les roule en paquets, et on les met dans des magasins bien secs.

Il y a des conserves de poissons que l'on voit partout : les *harengs saurs*, la *morue salée*, les *sardines à l'huile* ou *salées*.

RÉSUMÉ DU CHAPITRE VI.

58. — La boucherie est un magasin de morceaux d'animaux tués pour être mangés.

59. — Dans les petits pays, les bouchers ont chez eux leur tuerie. — Dans les villes importantes, ils tuent à l'abattoir.

60. — Les bœufs, vaches et taureaux sont assommés : puis on les saigne, on les gonfle d'air, on lève la peau, et on les dépèce.

61. — Les bœufs travaillent à la culture jusqu'à sept ou huit ans, puis on les engraisse et on les vend au boucher. Le veau de boucherie est vendu lorsqu'il a cessé de téter. Le mouton, après avoir donné de la laine pendant quelques années, est engraissé, puis vendu de même.

62. — Le charcutier tue, dépèce et accommode spécialement les porcs ou cochons. — Il prépare et cuit certaines parties du cochon.

63. — L'usage de la viande est nécessaire, surtout aux hommes qui se livrent à des travaux fatigants.

64. — On conserve les viandes pour les marins durant les longues traversées sur mer, et pour les soldats en campagne pendant la guerre. — Les viandes se conservent quand on les tient privées d'air.

65. — Le sel ou l'huile conserve les viandes.

66. — Les viandes gelées et les viandes desséchées se conservent bien.

QUESTIONNAIRE.

58 *et* 59. *Qu'appelle-t-on une tuerie, un abattoir ?* — 60 *et* 61. *Comment tue-t-on un bœuf à l'abattoir ? Que fait-on après qu'il est tué ?* — 62 *et* 63. *Quelle différence y a-t-il entre le travail du boucher et celui du charcutier ?* — 64 *à* 66. *Quels sont les moyens de faire des conserves de viandes ?*

CHAPITRE VII.

LAITAGES, BEURRE ET HUILES.

67. — La laiterie. — Autant nous repousse une boucherie avec ses marques de sang, autant nous attire une laiterie avec sa minutieuse propreté et sa blancheur uniforme. Sur des tables de marbre blanc, ou tout au moins de pierre fine et unie, sont placées des terrines de grès où le lait repose sans aucune agitation. En dessous on voit les seaux en bois, dans lesquels on trait les vaches. D'un autre côté sont rangées les boîtes de fer-blanc qui servent à transporter le lait pour la vente. Tout cela est très propre, car on le nettoie chaque jour. Enfin la salle est d'une fraîcheur qui empêche toute mauvaise odeur, toute fermentation.

68. — Le lait et la crême. — Ainsi le veut l'extrême susceptibilité du lait : la moindre chose le fait tourner. Quand on le trait, c'est un liquide blanc bien lié et chaud comme le corps de l'animal. Dès qu'il reste exposé à l'air, il se refroidit peu à peu et en même temps il se sépare lentement en deux parties. Au bout de vingt-quatre heures, cette séparation est complète. En dessus se voit une couche d'un blanc jaunâtre ; au dessous le reste du liquide est évidemment moins épais. La couche du dessus est la *crème*. Elle est formée de *beurre*, qui, étant plus léger que le reste du lait, a monté peu à peu. Très souvent on enlève la crème, et le reste s'appelle le *lait écrémé*.

69. — Le lait caillé. — Si l'on laisse encore le *lait écrémé* reposer à l'air, quelques heures plus tard, il commence à aigrir ; puis il *tourne* et il prend un goût tout à fait aigre. On y voit apparaître de petits grumeaux blancs mollasses et très opaques. Ils se réunissent ensemble et forment bientôt une masse que l'on appelle du *fromage blanc*. C'est ce que l'on nomme mieux encore le *caillé :* la matière du fromage s'est coagulée. Tout autour est un liquide à demi transparent, que l'on appelle le *petit-lait*.

Fig. 22. — Femme battant le lait dans une baratte, pour faire le beurre : elle élève et abaisse tour à tour le manche qu'elle tient des deux mains ; celui-ci est terminé, dans l'intérieur de la baratte, par une rondelle en bois qui bat le lait au milieu duquel elle monte et descend.

Le *petit-lait* est aigre; on le recueille pour l'employer comme boisson commune, tandis que le *caillé* a été mis à part pour en faire du *fromage*.

Par les temps froids et dans les jours calmes, le lait se caille lentement. Mais le temps chaud, l'orage le font cailler avec rapidité. Il tourne également lorsqu'on y verse de l'eau-de-vie ou du vinaigre.

Le bon lait peut bouillir sans tourner. Il se recouvre alors d'une sorte de peau mince, blanche et très souple. C'est ce qu'on appelle la *frangipane*.

70. — Le barattage. — Dès qu'on a fait la traite, on porte sans retard le lait à la laiterie et on le passe sur un tamis, à travers un linge fin. Il est recueilli dans des vases en grès, où on le laisse reposer vingt-quatre ou quarante-huit heures, suivant la saison. Ensuite on écrème le lait et on bat la *crème* fraîche jusqu'à ce qu'elle se prenne en une seule masse de *beurre*. Cela se produit en moins d'une demi-heure en été, en une heure en hiver. Le battage se fait dans des appareils appelés *barattes*, dont la forme est assez variée. Dans tous les cas, la crème y est vigoureusement agitée et battue pendant tout le temps. L'opération ne réussit pas facilement lorsqu'il fait froid ou lorsqu'il fait très chaud. La couleur naturelle du beurre est d'une jaune assez tranché, mais souvent on le colore artificiellement lorsqu'il n'a pas cet aspect.

71. — Le beurre. — Le *beurre* est un corps gras d'un goût douceâtre et très fin. Comme tous les corps gras, il tache le papier en lui donnant une certaine transparence. Pour beaucoup de personnes, c'est un mets très délicat lorsqu'il est bien frais. Pour les enfants, on peut dire qu'une tartine de beurre est un régal dont ils ne se lassent pas. Le beurre est employé constamment pour faire la cuisine. C'est seulement par économie qu'on lui substitue le *saindoux* ou graisse de porc épurée. Dans les contrées du midi où, par suite de la chaleur, le beurre se conserve mal et est d'ailleurs assez rare, on fait la cuisine à l'huile d'olive. Mais la cuisine au beurre a une supériorité incontestée.

72. — Le beurre rance. — Comme le lait d'où il provient, le beurre ne se conserve pas longtemps sans s'altérer. Il faut le garder au frais, le couvrir d'un linge mouillé ou même le saler pour le conserver plus longtemps. Mais il finit toujours par *rancir*, et alors il prend de plus en plus une odeur et un goût repoussants.

73. — La fabrication des fromages. — La fabrication des *fromages* est extrêmement variée; cependant elle consiste toujours à faire cailler le lait par la *présure* (morceaux de l'estomac d'un jeune veau). On fait écouler le petit-lait, on égoutte avec soin les morceaux de caillé, et on les presse afin de faire sortir l'eau qui reste encore. Si l'on se borne à opérer ainsi, on obtient les fromages frais, tels que le *fromage à la crème*, le *fromage blanc*, qu'il faut manger tout de suite, parce qu'ils ne se conservent pas.

Pour fabriquer des fromages d'une conservation plus longue, il faut ou les saler ou les faire *cuire*. On obtient un très grand nombre de variétés de fromages en modifiant de diverses manières cette partie de la fabrication. L'un des plus connus est le *fromage de Gruyère*. C'est un fromage cuit et d'un pâte assez ferme. Il est en même temps salé après la cuisson. La fabrication de ces sortes de fromages a d'abord eu son siège à Gruyère, petite ville du canton de Fribourg en Suisse. De là elle s'est répandue dans les autres cantons, puis en Allemagne et en France, surtout dans la Franche-Comté.

Le *fromage de Brie* n'est pas moins célèbre que le précédent ; c'est un fromage salé, à pâte très molle, et qui n'a pas été cuit. Sa fabrication eut d'abord lieu dans la Brie (Seine-et-Marne). Mais aujourd'hui on l'imite dans beaucoup d'autres parties de la France. On estime aussi très généralement le *fromage de Camembert*, qui d'abord nous venait de l'Orne, mais dont la fabrication s'est depuis répandue un peu partout. C'est aussi un fromage salé, à pâte molle.

Le plus célèbre peut-être des fromages français est celui *de Roquefort* (Aveyron). Il diffère des précédents en ce qu'il ne vient pas du lait de vache. On le fait avec du lait de brebis mêlé à du lait de chèvre. C'est un fromage à pâte ferme, mais non cuite. Il doit une grande partie de ses qualités aux caves où on le conserve autour du village de Roquefort. Ce fromage est si apprécié que beaucoup d'amateurs le préfèrent à tous les autres.

74. — L'huile d'olive ou huile à manger. — L'huile

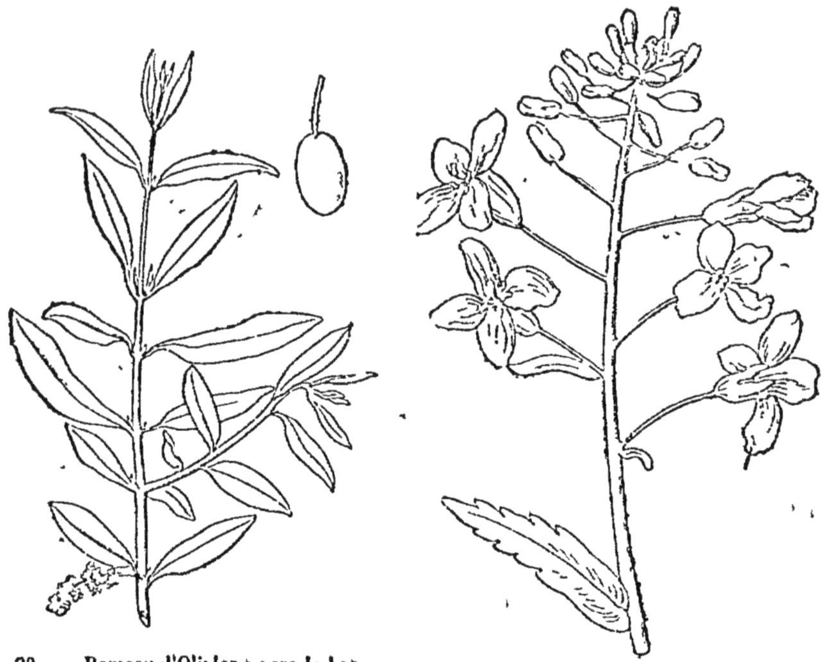

. 23. — Rameau d'Olivier ; vers le bas, une grappe de fleurs (6 fois plus petit que nature). — En haut à droite, une Olive mûre (3 fois plus petite que nature); c'est le fruit d'où l'on extrait l'huile à manger.

FIG. 24.— Rameau à fleurs de Colza (un peu plus petit que nature); c'est des graines provenant de ces fleurs que l'on extrait l'huile à brûler.

d'olive, dont nous parlions tout à l'heure parce qu'elle remplace souvent le beurre, est aussi spécialement employée dans l'assaisonnement des salades. C'est un liquide onctueux, d'un goût peu prononcé, mais doux au palais. Elle est d'une transparence et d'une limpidité parfaites. Lorsqu'on la verse dans l'eau, elle ne s'y mêle pas ; elle reste au-dessus en formant une couche bien distincte. Elle est donc, comme beaucoup d'autres huiles, plus légère que l'eau. C'est la meilleure des huiles employées pour l'alimentation. On l'extrait d'un fruit qu'on appelle *olive*. L'arbre qui le produit est l'olivier. Il est cultivé dans le sud-est de la France, dans la basse vallée du Rhône. Le fruit est long, verdâtre, et se compose d'une chair assez résistante, avec un noyau très dur. La grosseur du fruit peut être comparée à celle d'une amande.

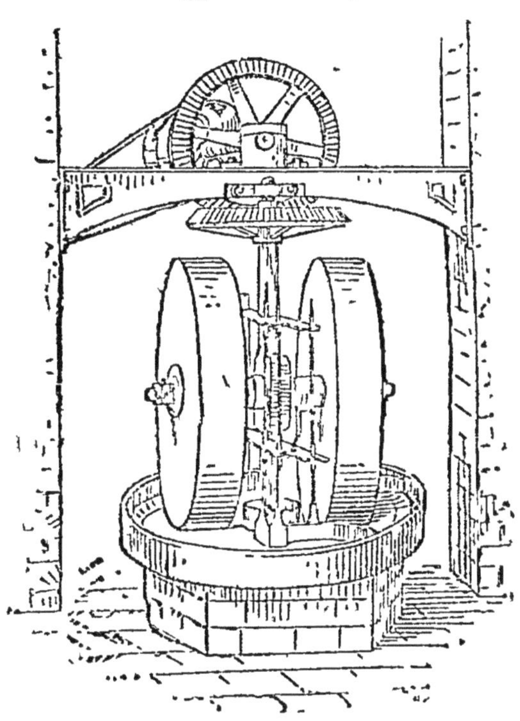

FIG. 25. — Moulin à huile ; les deux meules roulent en tournant sur la table fixe placée en dessous ; on y étale les olives que les meules foulent et écrasent. En haut se voit le mécanisme qui fait tourner les meules. (Diamètre réel des meules : 1m 80.)

75. — **Froissage et pressage des olives.** — L'huile est contenue dans la chair ou pulpe de l'olive. Les fruits sont mûrs au mois de novembre ; mais il faut les cueillir quelques semaines avant. Pour extraire l'huile, on commence par broyer les olives sous les meules d'un *moulin*. Mais la disposition de ces meules diffère de ce que nous avons vu dans le moulin à farine. Dans le moulin à huile, les deux *meules* sont dressées comme les roues d'une voiture, et ce sont les bords des meules qui écrasent les olives en roulant dessus. Les pulpes d'olives se convertissent en une sorte de pâte, que l'on presse ensuite sous une machine ou pressoir. Alors s'écoule une huile qui est de qualité supérieure, si les olives étaient de choix et si l'on

a opéré avec grand soin. L'huile de qualité inférieure que l'on obtient dans d'autres conditions, est destinée à la fabrication des savons.

76. — Huile à brûler. — A défaut d'huile d'olive, on emploie des huiles bien inférieures, telles que celles que l'on extrait des *noix*, de la *graine d'œillette* ou de *pavot*, de la graine de *navette*, etc. Le goût de *l'huile de navette* est déjà peu agréable ; mais *l'huile de colza*, extraite des graines d'une variété de chou, a un goût intolérable. Aussi ne l'emploie-t-on pas pour la table. C'est *l'huile à brûler* par excellence.

RÉSUMÉ DU CHAPITRE VII.

67. — La laiterie est une salle calme, fraiche et très proprement tenue.

68. — Le lait abandonné, même dans un air tranquille, frais et pur, s'y altère. La crème monte et forme une couche à la surface; le reste est du lait écrémé.

69. — Le lait écrémé, plus tard se caille et aigrit; il se sépare en deux parties, le caillé et le petit-lait. — La chaleur, les orages, l'eau-de-vie, le vinaigre font promptement tourner, c'est-à-dire cailler le lait. — Le lait frais bout sans tourner, mais il se couvre de frangipane.

70. — La crème du lait battue par le barattage se prend en beurre.

71. — Le beurre est un corps gras très recherché pour la table et pour la cuisine.

72. — Il rancit assez promptement.

73. — Le caillé bien égoutté et séché fait du fromage. — Pour fabriquer les fromages, on fait cailler le lait avec de la présure. — Les uns se mangent frais, d'autres sont pressés, puis salés, d'autres sont pressés, cuits et salés.

74. — L'huile à manger la meilleure est celle que l'on tire de l'olive, fruit de l'olivier.

75 — On broie les olives sous les meules d'un moulin. Il se produit une pâte que l'on presse avec une machine; l'huile s'écoule aussitôt.

76. — L'huile à brûler est celle que l'on extrait des graines d'une variété de chou nommée le colza.

QUESTIONNAIRE.

67 *à* 69. *Que devient le lait frais qu'on laisse reposer dans un air froid pendant vingt-quatre heures? pendant quarante-huit heures et plus encore? Peut-on faire cailler le lait sans attendre qu'il tourne de lui-même?* — 70. *Comment fait-on le beurre ?* — 71 *et* 72. *Le beurre peut-il se conserver?* — 73. *Comment fait-on les fromages?* — 74. *Qu'est-ce que l'huile à manger ?* — 75. *Comment la fabrique-t-on ?* — 76. *Qu'est-ce que l'huile à brûler ?*

CHAPITRE VIII.

SUCRES ET SUCRERIES.

77. — Le sucre est la douceur chère aux enfants. — Le sucre est la première douceur qu'offre à l'enfant la mère ou la nourrice. Il plaît tant à son palais qu'on est obligé de l'empêcher d'en manger à l'excès. Si on le laissait en prendre à sa guise, il se fatiguerait l'estomac; il s'abîmerait les dents, et en somme il serait très mal nourri. Mais, comme beaucoup d'autres choses, le sucre pris avec modération est agréable et salutaire.

78. — Sucre en pain et cassonade blanche. — Le sucre est vendu au détail chez les épiciers. On l'y trouve d'habitude en pains plus ou moins gros. Ils sont arrondis, et vont en s'amincissant de bas en haut. Le sucre en pain est compact, d'un beau blanc, et laisse voir de petits cristaux brillants. On vend aussi, sous le nom de *cassonade blanche*, du sucre en poudre fine. Quant aux usages du sucre, ils sont extrêmement nombreux de nos jours.

79. — La canne à sucre. — Savez-vous qu'à cet égard vous êtes beaucoup plus favorisés que ne l'ont été vos pères et surtout vos aïeux? Dans le courant du xxie siècle, le prix du sucre a beaucoup diminué. Par conséquent les familles de fortune modeste peuvent en faire habituellement usage. C'était autrefois un objet de luxe, et les ouvriers, les paysans n'en mangeaient presque jamais C'était bien pire dans l'antiquité. On ne connaissait pas alors le sucre, aujourd'hui si répandu. On se servait simplement du miel des abeilles. Lorsque Alexandre le Grand, ce fameux roi de Macédoine, fit la conquête de l'Asie jusqu'aux frontières de l'Inde (327 avant Jésus-Christ), les Grecs virent pour la première fois une sorte de roseau dont la tige est remplie d'un jus sucré : c'est la plante célèbre que nous appelons aujourd'hui la *canne à sucre*. Les Chinois et les Indiens, depuis des siècles, la cultivaient et en tiraient du *sucre*.

Fig. 26. — Deux pieds de cannes à sucre, avec deux autres toutes jeunes. La tige, articulée comme tous les chaumes, est remplie de la pulpe sucrée dont on tire le sucre de canne (la hauteur de ces cannes, dans la nature, est de 3 m. 50 à 3 m. 75).

Depuis cette époque, les Grecs et après eux les Romains employèrent comme un médicament cette substance encore assez rare. Jusqu'aux temps des croisades (de la fin du XIe à celle du XIIIe siècle après Jésus-Christ) les peuples de l'Europe en usèrent de même. Puis la canne à sucre fut importée dans le sud de l'Espagne et du Portugal.

Elle passa de là dans les îles Açores et aux îles Canaries. Après la découverte de l'Amérique, les Espagnols et les Portugais l'introduisirent aux Antilles, au Brésil et dans diverses autres parties du Nouveau-Monde. Là elle se multiplia rapidement.

Dès les premiers temps du règne de Louis XIV, le sucre provenant de l'Amérique parut en abondance dans les ports de l'Europe. Alors cette substance ne se vit plus seulement dans les pharmacies. Elle entra peu à peu dans les usages de la vie ordinaire, bien qu'elle fût encore beaucoup plus chère qu'aujourd'hui.

80. — La betterave. — Dans les premières années du XIXe siècle, la France soutint de longues guerres. L'arrivage des sucres provenant des colonies en fut entravé. Alors les Européens et surtout les Français s'efforcèrent de tirer du sucre de quelque plante commune dans nos contrées. C'est la *betterave* qui se prêta le mieux à cette nouvelle industrie. A partir de 1830, le *sucre de betterave* fit une concurrence redoutable au *sucre de canne*. Aujourd'hui ce produit indigène a surtout contribué au bas prix des sucres et à l'accroissement énorme de la consommation. Quoi qu'on ait pu dire, le *sucre de betterave* est tout aussi bon que le meilleur *sucre de canne*. Le public achète maintenant l'un ou l'autre indifféremment.

81.—Les contrées où l'on cultive la canne à sucre. — La canne à sucre est une plante qui ressemble beaucoup aux roseaux ou aux millets; mais elle est plus grande. Sa tige est remplie d'une sorte de pâte liquide fortement sucrée. On la cultive surtout maintenant aux Antilles, au Brésil, au Mexique, aux îles Maurice et de la Réunion, dans l'Inde anglaise, dans tout l'orient de l'Asie, et même à Java, Sumatra et dans les îles Philippines.

82. —Extraction du sucre aux colonies. — Le suc de la canne s'extrait assez facilement. On fait passer des brassées de cannes entre des rouleaux tournants qui les écrasent. Le suc s'écoule dans un bassin placé au-dessous. Aux colonies, on appelle le suc de canne le *vesou*. Les tiges écrasées s'appellent de la *bagasse*. Le vesou est presque uniquement composé d'eau et de sucre. On le chauffe plusieurs fois, et il rend chaque fois une écume que l'on enlève; c'est ainsi qu'on le clarifie. On continue ensuite à le chauffer pour faire évaporer l'eau. Enfin on le fait refroidir dans un grand réservoir, où il se prend en petits cristaux. Il reste une certaine quantité d'un sirop épais et brun foncé : c'est la *mélasse*. On la fait écouler et elle servira à *faire du rhum*. Quant au sucre solide, ou cristallisé, c'est de la *cassonade* ou du *sucre brut*. On le met dans de grands tonneaux et on le livre au commerce. Il a alors l'aspect d'une poudre à gros grains. Pour en faire du sucre en pain, il faut encore le faire passer par la raffinerie.

Tout le traitement des cannes se fait sur les lieux mêmes où elles croissent : de sorte que la *cassonade* qui nous arrive en Europe est désignée sous le nom de *sucre colonial*. La betterave au contraire croît en Europe, et c'est chez nous que se fait l'extraction de la *cassonade* qui en provient. C'est là le *sucre indigène*.

83. — Fabrication du sucre de betterave en Europe. — La betterave ne ressemble guère à la canne à sucre. C'est une plante qui ne s'élève pas beaucoup au-dessus du sol et porte de larges feuilles à sa base. La racine est épaisse et charnue, tantôt blanche ou jaunâtre, tantôt d'un rouge plus ou moins foncé. C'est dans cette racine que se trouve le sucre. Mais il est plus difficile de l'en extraire que lorsqu'il s'agit de la canne. Les racines arrachées de terre sont d'abord épluchées et lavées. Ensuite on les déchire au moyen d'une forte râpe tournante. Pendant l'opération, un filet d'eau ne cesse de couler, pour entraîner les produits du *râpage*, débris mollasses que l'on appelle la *pulpe*. Au moyen d'une machine, on presse très fortement cette pulpe. Il en sort un jus sucré, qui est analogue au vesou de la canne. Puis on chauffe ce jus dans des chaudières pour le faire écumer et le clarifier. On y a ajouté de la chaux éteinte nécessaire pour l'opération. Le jus clarifié est ensuite filtré pour en retirer la chaux et pour le décolorer. Après cela, on chauffe de nouveau pour faire partir l'eau par évaporation, et l'on arrive enfin, comme dans le traitement des cannes, à obtenir le sucre à l'état de cassonade.

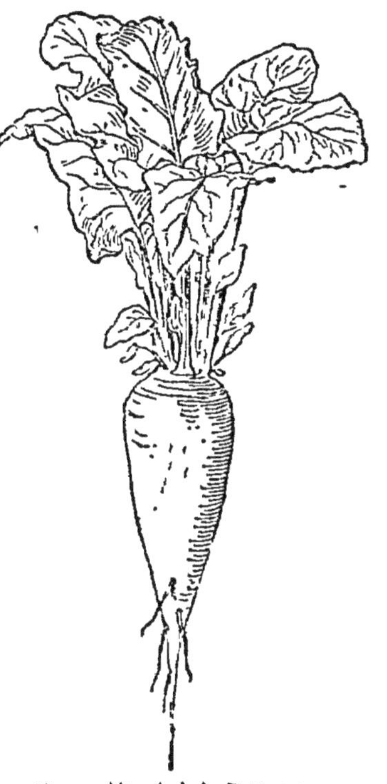

FIG. 27. — Un pied de Betterave, arraché de terre pour récolter sa racine, d'où l'on tire du Sucre (10 fois plus petite que nature).

84. — Le raffinage du sucre. — Le raffinage du sucre se fait de la même manière, qu'il provienne de la canne ou de la betterave. On fait d'abord fondre le sucre brut dans l'eau, on clarifie la liqueur en y mêlant du noir animal et du sang de bœuf, puis on filtre. Il faut après cela se débarrasser de l'eau en cuisant le jus de nouveau. Enfin on l'introduit dans des formes, où il cristallise et d'où il sort en pains. Ces pains ont encore besoin d'être égouttés pendant plusieurs jours, nettoyés à l'extérieur et bien séchés à l'étuve.

85. — Les bonbons. — C'est sous la forme de *bon-*

bons que le sucre a pour les enfants des charmes irrésistibles. Pas un enfant qui ne tressaille lorsqu'on lui parle de *dragées*, de *pralines*, de *boules de gomme*, de *sucre d'orge*, de *fruits glacés*.

86. — Dragées. — Les *dragées* se composent d'un noyau, amande, noisette, ou graine d'anis, recouvert de plusieurs couches de sucre. Séché avec grand soin, il a été jeté dans une bassine contenant du sucre cuit. Mais cette bassine est disposée de façon à se balancer sans cesse. Les noyaux ne peuvent y demeurer un instant en repos. Ils en sortent recouverts d'une couche de sucre, et on les fait sécher dans une étuve.

87. — Pralines. — Les *pralines* se font plus simplement. Ce sont, comme on dit souvent, des dragées grillées. Dans un poêlon, on fait cuire du sucre sur un feu très vif. On y jette les amandes et l'on remue constamment. Le sucre s'attache aux amandes en prenant une teinte plus ou moins brune. Souvent on le colore en rouge vif.

88. — Autres sucreries. — Les *boules de gomme*, le *sucre d'orge*, le *sucre de pomme* sont fabriqués avec du sucre cuit à divers degrés et coulé dans des moules en forme de boules, de bâtons, de petites tablettes, etc. On appelle *fruits glacés* des fruits intacts ou coupés par tranches, que l'on a recouverts d'une couche de sucre. Lorsqu'au contraire on a réduit les fruits en une pâte sucrée et plus ou moins ferme, on obtient les *marmelades*, *gelées*, *pâtes* de tel ou tel fruit.

RÉSUMÉ DU CHAPITRE VIII.

77. — Le sucre pris avec sobriété est agréable et salutaire ; pris en excès, il fait mal à l'estomac et aux dents.

78. — On trouve chez les épiciers le sucre en pain et la cassonade blanche, en poudre fine.

79. — La canne est originaire de l'est et du sud de l'Asie, de la Chine et de l'Inde. De là elle fut apportée dans

quelques pays les plus méridionaux de l'Europe, puis dans l'Amérique centrale.

80. — Depuis le XIXe siècle on extrait, en Europe, du sucre de la betterave,

81. — La canne à sucre est cultivée surtout aux Antilles, au Mexique, à la Réunion, à l'île Maurice, dans l'Inde et dans l'extrême Asie.

82. — On extrait le sucre de canne en écrasant celle-ci avec un moulin, il en coule le vesou. Celui-ci est cuit et écumé plusieurs fois pour le clarifier et pour faire évaporer l'eau. On obtient enfin du sucre brut ou cassonade et de la mélasse, qui est utilisée pour faire le rhum.

83. — On traite la betterave un peu différemment. On la lave d'abord, puis on la râpe pour la réduire en pulpe. Ensuite on presse la pulpe avec une machine, pour en exprimer le jus sucré. Celui-ci est clarifié et concentré par plusieurs cuissons successives, avec addition de chaux. On filtre et l'on cuit encore; enfin on obtient la cassonade.

84. — Pour raffiner les cassonades, on les fond dans l'eau, on clarifie avec du noir animal et du sang de bœuf, et l'on filtre. Après cela, nouvelle cuisson, et l'on fait solidifier dans des formes à pain de sucre.

85. — Les bonbons sont des sucreries.

86.— Les dragées consistent en un noyau recouvert de sucre.

87. — Les pralines sont des dragées grillées au poélon

88. — Les boules de gomme, le sucre d'orge, le sucre de pomme sont faits avec du sucre cuit et coulé dans des moules ; les fruits glacés , les marmelades, les pâtes de fruits sont des conserves de fruits dans du sucre.

QUESTIONNAIRE.

77. *Le sucre est-il d'un usage salutaire ou malfaisant ?* — 78. *Quelles sortes de sucres trouve-t-on chez les épiciers ?* — 79. *D'où nous vient la canne à sucre ?* — 80. *Y a-t-il une autre plante employée à fabriquer du sucre ?* — 81. *Quels sont les pays où la canne à sucre est surtout cultivée ?* — 82. *Comment extrait-on le sucre de la canne ? — Quels sont les produits de cette extraction ?* —83. *Comment extrait-on le sucre de la betterave ?*—84. *En quoi consiste le raffinage ?*—85. *Qu'est-ce que les bonbons ?*— 86 *Qu'est-ce que les dragées ?* —87. *Qu'est-ce que les pralines ?*— 88. *Quelles sont les autres sucreries que vous pouvez citer ? En quoi consistent-elles ?*

CHAPITRE IX.

D'OU NOUS VIENT LE SEL ?

89. — L'usage du sel. — On ne peut pas dire que le *sel* soit un aliment comme la viande, le pain, les légumes ; mais c'est un *assaisonnement* nécessaire, qui donne à chacun de nos mets un goût agréable. Dans certains cas, le sucre en tient lieu ; cependant on emploie le sel encore plus souvent. Pas de table où l'on ne voie une *salière* avec sa poudre blanche ou rarement grise, composée de petits cristaux. Ceux-ci se collent souvent ensemble quand le temps est humide. Cela vient de ce qu'alors les grains de sel absorbent l'humidité de l'air. Ils fondent un peu à la surface et s'agglutinent entre eux. Le *sel blanc*, que l'on voit aujourd'hui le plus communément, est beaucoup plus fin que le *sel gris*. Celui-ci ne doit sa couleur qu'à un mélange de quelques grains de terre incorporés dans les grains.

Les bestiaux ont le même goût que nous pour le sel. Les cultivateurs savent par expérience qu'il est nécessaire aux animaux d'en prendre habituellement, et ils ont soin de leur en donner. C'est réellement un objet de première nécessité, et il en a été de même à toutes les époques.

90. — Le sel est dans l'eau de la mer aussi bien que dans le sein de la terre. — Heureusement le sel est loin d'être rare dans la nature. D'abord l'*eau des mers* est une eau salée ; 100 kilogrammes d'eau de mer contiennent 2 1/2 à 3 kilogrammes de sel.

D'un autre côté, il existe dans le sein de la terre des dépôts de sel abondants. Ce sel solidifié et souterrain est en grandes masses, comme ailleurs la pierre à bâtir. On lui donne le nom de *sel gemme*, ce qui signifie sel en pierre. Il existe des mines de sel gemme, comme il existe des carrières de pierre ou de marbre. Il y a même en certains pays des cours d'eau qui, ayant traversé, sous terre, des couches de sel gemme, roulent des *eaux salées* que l'on exploite, comme on le fait ailleurs pour les eaux de la mer.

91. — Les marais salants sur les côtes de la France. — Les rivages maritimes de la France, sur l'Océan comme sur la Méditerranée, se prêtent, dans la plus grande partie de leur étendue, à l'exploitation du sel. Elle se fait en laissant évaporer l'eau dans de grands réservoirs à large surface et à très petite profondeur. On les appelle des *salins* ou *marais salants*. Sur nos côtes de France, il en existe depuis Saint-Malo jusqu'à l'embouchure de la Charente. Nos côtes de la Méditerranée en possèdent presque partout.

92. — Dispositions et fonctionnement d'un marais salant. — Les *salins* sont toujours dans le voisinage de la mer et communiquent avec elle par des rigoles que l'on peut ouvrir ou fermer au moyen de barrages. Le marais est subdivisé en un grand nombre de compartiments. D'autres rigoles les unissent entre eux ; mais sur chacune est un barrage pouvant s'ouvrir ou se fermer. Partout la profondeur est très faible. Sur la vaste surface du marais l'eau s'évapore. A mesure que l'eau qui reste est plus salée, on la fait passer dans de nouveaux compartiments. Enfin c'est dans les derniers que se forment les dépôts de sel.

Lorsque le dépôt est assez épais, on le retire avec de grandes pelles. Cette récolte se fait deux ou trois fois pendant la saison du travail qui, suivant le climat, dure de cinq à sept mois. On entasse sur les bords le sel récolté. Là il reste longtemps à égoutter, et quand il est suffisamment sec, on le livre au commerce. C'est alors du *sel brut*. Celui de la Méditerranée est *blanc*. Celui de l'Océan est *gris* : aussi a-t-il besoin d'être lavé et raffiné pour devenir du *sel blanc*. Les ouvriers qui se livrent au travail du sel s'appellent *paludiers* ou des *sauniers*.

93. — On retire du sel des sources salées. — L'exploitation des *sources salées* a lieu dans un grand nombre de contrées d'Allemagne. En France, elle est restreinte à la Franche-Comté, la Savoie, quelques parties de la Provence et du Roussillon. Lorsque les sources sont très riches, on fait évaporer au feu dans des chaudières de fonte ; quand elles sont pauvres, on procède à froid.

On fait couler l'eau salée en très minces filets sur des piles de fagots. Une grande quantité d'eau s'évapore ainsi ; le reste se trouve assez riche en sel pour qu'on achève l'évaporation au feu dans les chaudières.

94. — Les mines de sel gemme. — Le *sel gemme*, appelé aussi *sel de roche* ou *sel de mine*, s'exploite nécessairement d'une toute autre manière. On creuse des puits pour permettre aux ouvriers d'arriver à la profondeur où repose le banc de sel. Lorsqu'ils y sont parvenus, ils ouvrent dans la masse des galeries le long desquelles on détache des blocs de sel. On les fait remonter ensuite par les puits d'exploitation. C'est ainsi que l'on procède dans les célèbres mines de sel situées près de Cracovie (Pologne autrichienne), à Wieliczka et à Bochnia. Près de Cardona (Espagne, Catalogne), existent encore des mines de sel presque aussi fameuses. Nous ne possédons en France que quelques mines de sel gemme.

Si les blocs ne contiennent que du sel [illegible], on les livre au commerce qui les égruge, c'est-à-dire les réduit en menus grains. Si le sel est impur, on le fait fondre dans l'eau, puis on le fait cristalliser en chauffant la dissolution.

Lorsque l'on exploite des dépôts peu considérables de

sel gemme, on ne l'extrait pas par blocs solides. On creuse des puits et des galeries ; ensuite on forme dans la mine des chambres closes où l'on introduit de l'eau. Celle-ci dissout le sel, et quand elle en est suffisamment chargée, on la remonte à l'aide de pompes. On la traite ensuite comme celle des riches sources salées.

RÉSUMÉ DU CHAPITRE IX.

89. — Le sel est pour nous un assaisonnement indispensable. — Il y en a deux sortes : le sel blanc et le sel gris. — Le sel est également nécessaire à nos bestiaux.

90. — Le sel se trouve dans l'eau des mers ; dans le sein de la terre à l'état de sel gemme ; enfin il y a, dans beaucoup de pays, des sources d'eau salée.

91. — On exploite, sur nos côtes, l'eau de mer dans les salins ou marais salants. — L'eau de mer s'y évapore au soleil, et le sel s'y dépose en grains solides, lorsqu'il n'y a plus assez d'eau pour le maintenir fondu.

92. — Le marais salant est une série de réservoirs ou bassins peu profonds, où l'eau de mer est introduite successivement ; et dans les derniers, qui sont les plus petits, se font les dépôts de sel. — On les retire, on les laisse égoutter, et l'on a le sel brut.

93. — Le sel des sources salées s'obtient aussi en faisant évaporer l'eau. Si elles sont riches en sel, on opère sur le feu ; si elles sont pauvres, on fait d'abord couler l'eau en minces filets à l'air libre sur des piles de fagots ; et l'on termine en chauffant l'eau sur le feu.

94. — Le sel de mine ou sel gemme s'exploite au moyen de puits et de galeries souterraines ; on taille dans celles-ci les blocs de sel que l'on remonte au niveau de la surface du sol ; pour les petites masses, on y fait arriver de l'eau ; lorsqu'elle est bien chargée de sel, on la retire avec des pompes, et on la traite comme celle des riches sources salines.

QUESTIONNAIRE.

89. *Quels sont les usages du sel ? Combien en connaît-on de sortes ?* — 90. *Où trouve-t-on le sel dans la nature ?* — 91.

Qu'est-ce qu'un marais salant ? — 92. Comment obtient-on le sel ? — 93. Comment retire-t-on le sel des sources salines ? — 94. Comment exploite-t-on les mines de sel ? Qu'est-ce que le sel gemme? Quelle différence y a-t-il, pour les procédés d'extraction, entre les vastes dépôts de sel et les petits gisements ?

CHAPITRE X.

LA VIGNE ET LE VIN.

95. — Les fêtes de Bacchus. — Il y a dans les cam-

FIG. 28. — Rameau de Vigne avec une grappe en fleur (5 fois plus petit que nature).

pagnes deux grandes fêtes de récoltes : la *moisson* et la *vendange*. C'est la fête du *pain* : c'est la fête du *vin*. Le *pain*, c'est la nourriture de chaque jour ; le *vin*, c'est la boisson qui donne la force aux membres, qui échauffe l'esprit et l'ouvre à la joie. Aussi la vendange déride-t-elle tous les fronts. Les vendangeurs oublient tous les travaux que la vigne leur a coûtés. Ils se répandent joyeux au milieu des vignobles, et ils en rapportent en chantant les charges de raisins qu'ils vont fouler sous le pressoir. Chez les anciens, un dieu présidait à ces fêtes annuelles; on le nommait *Bacchus*. On le représentait sous la figure d'un jeune homme couronné de lierre, le visage riant et des raisins à la main. Pour l'honorer, on vidait bien des coupes de vin. L'ivresse, qui s'emparait bientôt des buveurs, était regardée comme l'inspiration du dieu. Ceux qui aujourd'hui s'enivrent de vin ne croient plus célébrer les rites d'un culte divin. Mais, si les hommes ont renoncé à cette erreur, ils ne se sont pas corrigés de l'abus du vin. Les ivrognes des temps antiques ont eu, de tous temps, et ont encore malheureusement trop de successeurs.

Néanmoins les heureux effets que produit l'usage modéré du *vin* sont aussi évidents que les maux qu'il engendre lorsqu'on s'y adonne avec excès. Le vin est un de ces dons naturels dont il faut savoir jouir et ne pas abuser. Alors c'est la meilleure des boissons dont l'homme puisse se désaltérer.

96. — Le raisin. — Le raisin est d'ailleurs par lui-même un fruit délicieux. Nous avons donc un double motif pour aimer la vigne. Cet arbrisseau grimpant, si répandu dans le midi et le centre de l'Europe, n'y croît pas à l'état sauvage. Il nous vient de l'Asie ; mais depuis bien des siècles il est cultivé particulièrement dans une grande partie de la France. On distingue les *raisins blancs* et les *raisins noirs*. Vous savez qu'il y a de même deux sortes de vins, les *vins rouges* et les *vins blancs*. Vous allez sans doute croire que les *vins blancs* proviennent des *raisins blancs*, et réciproquement. C'est une erreur ; on emploie indifféremment des raisins de l'une ou de l'autre sorte. C'est la manière de faire le vin qu détermine sa coloration. Les vins rouges étant d'ur usage bien plus fréquent que les autres, nous allons dire comment font les vignerons de Bourgogne.

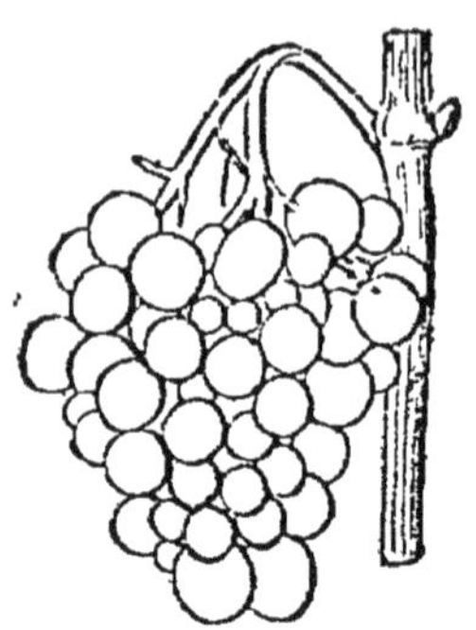

FIG. 29. — Une grappe de Raisin (5 fois plus petite que nature).

97. — Les vendanges. — La vigne a fleuri à la fin du printemps. Ses fruits sont mûrs à la fin de l'été ; alors viennent les *vendanges*. Chaque propriétaire nettoie et met en état ses cuves et son pressoir. Le jour venu, les *vendangeuses* vont couper les raisins et les jettent dans leurs *vendangerots*, paniers de sept à huit litres, que porte chacune d'elles. Quand la vendangeuse a rempli son vendangerot, elle va le vider dans un grand panier à raisin, environ sept ou huit fois plus grand. Enfin, lorsque ceux-ci sont pleins à leur tour, des vendangeurs vont verser le contenu dans des *balonges*, qui sont des cuves ovales, pouvant contenir douze cents litres. Elles sont installées sur des charrettes. Vers la fin de la journée, on ramène les balonges pleines vers les bâtiments où sont les grandes cuves toutes prêtes pour faire le vin.

98. — Le foulage et la fermentation. — C'est alors que l'on se livre gaîment au *foulage du raisin ;* l'usage est d'y procéder en piétinant la vendange. Des hommes, les jambes nues, marchent en cadence sur les raisins et les écrasent de façon que bientôt le jus baigne leurs jambes. Ils continuent ainsi jusqu'à ce que l'écrasement soit complet. On laisse le jus sur le *moût* (grappes écrasées), dans les cuves, pendant une huitaine de jours. Il s'y développe une *fermentation* active. Il se dégage de l surface de la cuve une grande quantité du gaz que l'on appelle *acide carbonique*. La vendange bouillonne et s'agite, soulevée par les bulles qui se pressent vers la surface. A ce moment, si l'on pénétrait dans les cuves, ou même si l'on se plaçait au-dessus de façon à respi-

FIG. 30. — Le foulage du raisin en Bourgogne ; on foule sous les pieds la vendange en la piétinant en cadence ; puis on la versé dans les cuves, où elle va fermenter.

rer ce qui s'en exhale, on risquerait d'être asphyxié, ou tout au moins de perdre connaissance. Le *moût*, soulevé par le gaz, monte peu à peu à la surface du *jus*. Il y forme comme une croûte que les vignerons appellent le *chapeau*. On brise le chapeau à la fin de la huitaine, et on foule de nouveau pour remettre la fermentation en activité. Enfin, quand le jus est devenu vineux, on ferme la cuve en dessus. Au bout d'un mois on opère la vidange, c'est-à-dire qu'on soutire le vin nouveau qui est encore en fermentation ; c'est le *vin doux*. On le distribue dans des tonneaux que l'on ne remplit pas et qu'on laisse débouchés pendant plusieurs jours. Il se dépose au fond du tonneau une sorte de pâte épaisse que l'on appelle la *lie*. Lorsque la fermentation est terminée, on clarifie le vin par le *collage*. Cette opération consiste à y mêler un peu de blanc d'œuf qui se coagule et entraîne avec lui tout ce qui pourrait encore troubler la limpidité du liquide.

Lorsqu'on a soutiré le vin de la cuve, il y est resté les débris du *moût*, c'est-à-dire le *marc*, qui renferme encore du vin. On porte le marc sous le *pressoir*, machine en bois qui le presse énergiquement. On en obtient ainsi une nouvelle quantité de vin.

99. — **Le sucre du raisin produit de l'esprit-de-vin ou alcool.** — En résumé, le *vin* est du *jus de raisin* fermenté. Ce jus contenait une espèce particulière de *sucre* (sucre de raisin), qui se décompose par la fermentation. Il laisse échapper l'acide carbonique dont nous avons parlé, et se transforme en une substance liquide que l'on nomme *esprit-de-vin* ou *alcool*. L'*alcool* donne au vin le goût principal et distinctif. La fermentation qui le produit est désignée sous le nom de *fermentation alcoolique*. Cela se passe de même dans la fabrication de la *bière*, du *cidre*, et en général de ce qu'on appelle les *boissons fermentées*.

100. — **Les vins blancs.** — Les vins blancs se font de même que les vins rouges, lorsqu'on n'y emploie que des raisins blancs. Quand on se sert de raisins noirs, on a soin de ne pas les laisser fermenter sur le marc. On soutire aussitôt après le foulage. C'est ainsi qu'on évite la coloration rouge. Les vins blancs mousseux ont été mis en bouteille avant que la fermentation fût terminée ; il se dégage donc encore de l'acide carbonique lorsque la

bouteille est bouchée. Quand on la débouche, le gaz s'échappe en soulevant de nombreuses bulles de vin ; c'est ce qui fait la mousse.

RÉSUMÉ DU CHAPITRE X.

95. — Le vin est la boisson par excellence : aussi la vendange est-elle une solennité comparable à la moisson. L'ivresse est l'inconvénient de l'abus du vin ; mais, prise avec modération, cette boisson est la plus salutaire dont on puisse faire usage.

96. — La vigne est un arbrisseau originaire de l'Asie, et son fruit, qu'on appelle le raisin, sert à fabriquer le vin.

97. — Les vendanges se font à la fin de l'été ou au commencement de l'automne ; les raisins sont réunis dans des balonges pour être ramenés au cuvier.

98. — Les raisins sont foulés, pour en exprimer le jus ; il s'établit une fermentation qui au bout de plusieurs semaines donne du vin encore sucré : c'est le vin doux. On le met dans des tonneaux ouverts où il achève de fermenter ; puis on le colle pour le clarifier. Le marc retiré de la cuve passe au pressoir pour donner une nouvelle quantité de vin.

99. — Le sucre du jus de raisin est l'origine de l'alcool contenu dans le vin.

100. — Les vins blancs se font indifféremment avec des raisins blancs ou noirs ; il n'y a qu'une petite différence dans la fabrication.

QUESTIONNAIRE.

95. *Le vin est-il une boisson salutaire ? — Quel inconvénient y a-t-il à en abuser ?* — 96. *D'où nous vient la vigne ? Avec quoi fait-on le vin ?* — 97. *Qu'appelle-t-on les vendanges ? — En quoi consistent-elles ?* — 98. *Qu'est-ce que le foulage du raisin ? Qu'appelle-t-on le moût ? Que se passe-t-il pendant que le vin se fait dans la cuve ? Que nomme-t-on la lie ? Qu'est-ce que le collage ? Que tire-t-on du marc ?* — 99. *D'où vient l'alcool du vin ?* — 100. *Que fait-on pour produire des vins blancs avec des raisins noirs ?*

CHAPITRE XI.

LA BIÈRE, L'ALCOOL ET LE VINAIGRE.

101. — La bière est une boisson qui fermente encore lorsqu'on la boit. — La *bière* est la boisson fermentée des contrées où le climat ne permet pas de cultiver la vigne. Il est vrai qu'en plusieurs pays on boit de la bière et du vin en même temps; là où le vin est cher, la *bière* le remplace comme boisson courante. Il ne faudrait pas croire que cette boisson est d'un usage plus récent que le vin. Les anciens la connaissaient fort bien, et nos pères, les Gaulois, lui donnaient le nom de *cervoise*. Toutes les personnes qui ont bu de la bière ont remarqué combien elle diffère du vin. Elle a surtout une amertume spéciale qu'elle doit aux fruits de houblon. De plus, c'est une boisson mousseuse. Nous venons de voir que la mousse de certains vins blancs a pour cause le dégagement de l'acide carbonique, parce qu'ils n'ont pas fini de fermenter. Il en est de même pour la bière. Nous la buvons tandis qu'elle fermente encore : c'est là son caractère spécial. Les fabri-

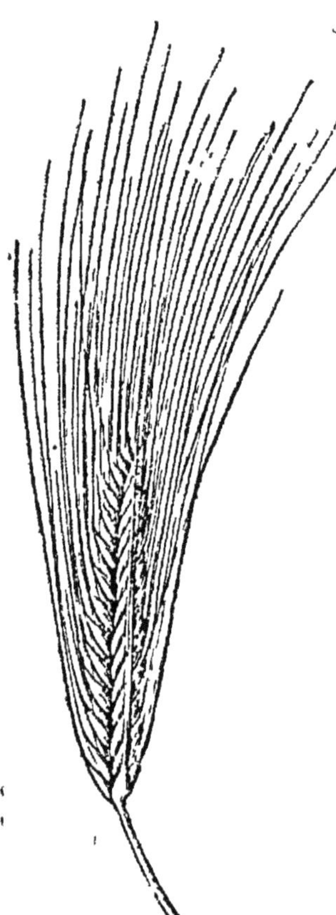

FIG. 31. — Épi d'Orge (2 fois plus petit que nature), dont les grains servent à fabriquer la bière.

cants de bière sont désignés par le nom de *brasseurs*, et l'on appelle *brasseries* les établissements où ils la fabriquent. Souvent, dans les grandes villes, ce nom s'applique aussi à ceux où on la vend.

102 — L'orge. — La *bière* est tirée des *grains de l'orge.* C'est une plante céréale assez différente du blé. Cultivée généralement pour la nourriture des bestiaux, elle sert surtout dans le Nord à faire de la *bière.*

103. — Le maltage consiste surtout dans la germination de l'orge. — Pour fabriquer la bière, on commence par faire germer les *grains d'orge.* On les jette dans des cuves avec de l'eau pour les gonfler en les humectant. Ensuite on les étend en couches sur les dalles d'une salle voûtée appelée *germoir.* Il y règne une chaleur constante, et les grains ne tardent pas à germer. Ils produisent plusieurs filaments blanchâtres qui sont de petites racines. C'est en mars que cette opération réussit le mieux, et voilà pourquoi la *bière de mars* jouit d'un renom universel.

Quand les grains ont assez germé, on les dessèche dans une étuve, afin d'empêcher la plante de se développer davantage. L'orge germée et séchée prend le nom de *malt.* On l'écrase légèrement dans des moulins. Ensuite vient le *brassage.*

104. — Le brassage provoque la formation d'une liqueur sucrée. — On verse le *malt* dans de grandes cuves en bois appelées *cuves matières.* On fait arriver dans les cuves de l'*eau chaude,* mais non bouillante. Alors, avec des espèces de grandes fourches nommées *fourquettes,* on agite le tout. C'est ce qu'on appelle *brasser le malt.* Il se forme un liquide sucré, que l'on soutire pour le verser dans une autre cuve. Ce liquide, appelé *moût,* va bientôt devenir de la bière. Quant au malt, épuisé de matière sucrée, il est passé à l'état de *drèche.* La drèche est un résidu qu'on emploie à nourrir les bestiaux, et surtout les vaches laitières.

Fig. 32. — Rameaux en fleur et en fruit du Houblon (5 fois plus petits que nature), plante dont les fruits donnent à la bière son amertume.

105. — On ajoute au moût du houblon et de la levûre de bière. — C'est maintenant que l'on introduit les *fruits* ou *cônes de houblon* dans le moût chauffé jusqu'à bouillir ; puis on ferme les chaudières et l'on agite le tout. Ensuite le liquide refroidi est mis à *fermenter* dans une cuve appelée *guilloir*. On y ajoute de la *levûre de bière* provenant des opérations antérieures de la brasserie. Il se dégage de l'acide carbonique en quantité, et après un ou deux jours, la *bière* est bonne à mettre dans ces petits barils que l'on appelle des *quarts*. La *matière sucrée*, par la fermentation, s'est convertie en *alcool*.

Il y a un très grand nombre de sorte de bières. L'*ale*, le *porter*, le *stout* sont des *bières anglaises* ; le *faro*, la *lambic* sont des *bières belges*.

Fig. 33. — Fruit ou cône de Houblon (un peu plus petit que nature) que l'on ajoute au moût en fabriquant la bière.

106. — La bonne bière est salutaire, mais elle est rare — La *bière* est une boisson fortifiante. On peut même dire qu'elle nourrit le corps. Elle est très rafraîchissante pour la bouche. Mais ces qualités n'existent que dans les bières très bien faites. Malheureusement il n'y a pas de fabrication où il se produise plus de fraudes, et trop souvent aux dépens de la santé des consommateurs.

Dans tous les cas il faut se défier, surtout dans les temps chauds, de la tendance qu'on a trop facilement à en boire avec excès.

107. — Le cidre. — Le *cidre* est du *jus de pomme fermenté*. Lorsque les pommes sont bien mûres, on les écrase avec un pilon en bois ou sous une meule. On les met sous le pressoir et l'on en exprime le jus, que l'on transvase ensuite dans des tonneaux dont la bonde est ouverte. Là le *jus fermente*, et après un certain temps on soutire le *cidre*. Avec les *poires* on prépare de la même façon une boisson nommée *poiré*.

108. — Les liqueurs alcooliques. — Dans toutes les boissons fermentées, il s'est développé un même corps que nous avons nommé l'*alcool*. C'est lui qui leur donne leurs propriétés fortifiantes ; c'est lui qui les rend enivrantes. Mais il est surtout abondant dans ce que l'on appelle les liqueurs, telles que l'eau-de-vie, le rhum, le curaçao, le kirsch, etc. On peut isoler l'alcool des liqueurs qui le contiennent. C'est un liquide très clair et sans couleur. Il s'évapore rapidement, et répand une odeur forte assez agréable. Il brûle la langue et le palais ; on ne peut en boire sans irriter la gorge et surtout l'estomac. Pris en certaine quantité, c'est un poison. L'alcool pur offre encore un autre danger. Il s'enflamme très facilement et brûle avec une flamme pâle, mais avec une chaleur très grande. Il peut ainsi causer de graves accidents. Si l'on approche d'une bougie le goulot d'un flacon renfermant de l'alcool, la vapeur qui s'en dégage s'enflamme aussitôt et allume le liquide lui-même. Aussi le flacon éclate, et de tous côtés sont projetés les débris de verre et l'alcool enflammé. Cet incendie n'est pas facile à éteindre. Il faut se garder de jeter de l'eau, car on ferait ainsi couler de tous les côtés l'alcool avec les flammes. Le vrai moyen est de tamponner le liquide en feu sous un linge mouillé ou même sous de la terre ou du sable fin.

109. — Les eaux-de-vie et liqueurs s'obtiennent par distillation. — Les industriels qui préparent des liqueurs alcooliques sont habituellement désignés sous le nom de *distillateurs*. En effet, leur industrie consiste à *distiller* les *vins* et les *esprits* (liquides contenant de l'alcool) pour fabriquer les *eaux-de-vie* et les *liqueurs* de toute sorte. Qu'est-ce que distiller?

Distiller du vin ou *un esprit*, c'est le faire *bouillir* et recueillir la vapeur qui en provient, dans un vase froid où elle se récolte goutte à goutte à l'état liquide.

La liqueur ainsi recueillie n'est plus du vin ; c'est déjà une sorte d'eau-de-vie encore faible. En recommençant plusieurs fois cette opération, on obtient enfin de véritable *eau-de-vie*.

110. — Le vinaigre de vin. — Le *vinaigre* n'est autre chose que du *vin aigre*. Du reste, il en porte le nom un peu modifié par la prononciation. Lorsque l'alcool que contient le vin a été longtemps exposé à l'air, il s'altère, aigrit de plus en plus et finit par passer à l'état de *vinaigre*. Cette transformation se fait beaucoup mieux lorsqu'au vin on a mélangé du *vinaigre* déjà fait. Les ménagères de nos campagnes ne font pas autre chose. Dans un baril en bois de huit à dix litres, elles mettent d'abord du bon vinaigre ; mais le baril n'est guère rempli qu'à moitié. Le reste est complété avec du vin. A mesure que par le robinet on soutire du liquide, on continue à remplir de la même façon. Pendant des années, on opère ainsi, et l'on ne cesse pas d'obtenir un vinaigre excellent, Dans l'industrie, on procède, en France, d'une manière analogue, mais sur de plus grandes quantités.

En Angleterre et en Allemagne, on emploie le *moût de malt* provenant de la fabrication de la *bière*.

111. — Le vinaigre de bois. — A une époque récente, beaucoup de fabricants français ont adopté une façon tout autre pour faire du vinaigre. Ils chauffent du bois dans un vase fermé. Les vapeurs que la chaleur fait sortir du bois se résolvent en liquide dans des tuyaux maintenus froids; on en extrait un liquide aigre, une sorte de *vinaigre* fort qu'on adoucit av c de l'eau et auquel on donne du parfum en y ajoutant quelques matières aromatiques.

112. — L'acide acétique. — Le goût caractéristique du *vinaigre* est une aigreur due à l'*acide acétique* qu'il renferme. Cet acide se produit lorsque l'alcool, ou une liqueur qui en contient, fermente quelque temps à l'air.

RÉSUMÉ DU CHAPITRE XI.

101. — La bière est la boisson des pays trop rigoureux pour la culture de la vigne. Elle mousse parce qu'elle fermente encore lorsqu'on la boit; on la fabrique dans les brasseries.

102. — La bière se fait avec des grains d'orge.

103. — On les fait germer, puis, après quelques jours, on sèche les grains. C'est ainsi qu'on obtient le malt, que l'on écrase ensuite légèrement.

104. — On met le malt dans de l'eau chaude et l'on le brasse; on obtient ainsi le moût. Le reste du malt se nomme la drèche.

105. — On ajoute au moût des cônes de houblon, puis on laisse fermenter; bientôt la bière est faite; le sucre du moût s'est transformé en alcool.

106. — La bière est une boisson salutaire, à moins qu'elle ne soit falsifiée.

107. — Le cidre est une boisson fermentée, préparée avec du jus de pommes.

108. — Les boissons fermentées contiennent toutes de l'alcool, liquide odorant, d'un goût fort et brûlant avec facilité. Il résulte toujours d'une fermentation du sucre

des fruits ou des grains ; il se dégage du gaz acide carbonique et il se produit de l'alcool.

109. — En distillant le vin, on obtient de l'eau-de-vie.

110. — C'est avec le vin que l'on prépare souvent le vinaigre; pour cela on mélange du vinaigre avec du vin et celui-ci devient vinaigre.

111. — On obtient du vinaigre en chauffant du bois dans un vase fermé : c'est le vinaigre de bois; il ne vaut pas le vinaigre de vin.

112. — Ce qui constitue essentiellement le vinaigre, c'est un corps nommé acide acétique qui lui donne son goût particulier.

QUESTIONNAIRE.

101. *Qu'est-ce que la bière?* — 102. *Avec quoi la fait-on?* — 103. *Comment traite-t-on les grains d'orge pour faire la bière? Qu'est-ce que le malt?* — 104. *Qu'appelle-t-on brasser le malt? Quel est le résultat du brassage?* — 105. *Qu'ajoute-t-on au moût avant de le laisser fermenter?* — 106. *La bière est-elle une bonne boisson?* — 107. *Qu'est-ce que le cidre?* — 108. *Que nomme t-on alcool?* — *Quelles sont ses principales propriétés?* — *Quels dangers peut-il offrir?* — 109. *Comment fait-on l'eau-de-vie?* — 110. *Comment fait-on le vinaigre de vin?* — 111. *Qu'est-ce que le vinaigre de bois?* — 112. *Quel est le corps essentiel dans le vinaigre?*

CHAPITRE XII.

CAFÉ, THÉ ET CHOCOLAT.

113. — Le café, le thé et le chocolat viennent de pays lointains. — Voilà trois boissons recherchées pour leur parfum et leur goût. C'est ce qu'on appelle des *boissons aromatiques*. Ces trois boissons proviennent de trois plantes qui ne croissent pas dans nos climats. On les cultive dans des pays lointains situés au delà des mers. A toute époque de l'année, de nombreux vaisseaux de commerce vont chercher le *café*, le *thé* et le *cacao* avec quoi nous faisons le *chocolat.*

114. — Le caféier. —Le *café* est la graine d'un joli arbrisseau que les Européens ont appris à connaître seulement vers le milieu du XVIe siècle. Le *caféier* porte un feuillage toujours vert. Autour de la base de ses feuilles se groupent de petites fleurs d'un blanc jaunâtre, d'une odeur douce et agréable. Elles donnent un peu plus tard des fruits charnus, arrondis et d'un joli rouge. Ils ont la grosseur d'une cerise; chacun de ces fruits contient habituellement deux *grains de café*; ce sont les graines de la plante.

FIG. 34 — Branche de Caféier (7 fois plus petite que nature); elle porte des fleurs et vers le bas un fruit développé. A droite et en haut est représenté (un peu plus petit que nature) un grain de café, c'est-à-dire une des deux graines que renferme le fruit.

115. — De quels pays nous vient le café? — Les pays où se fait la culture du caféier appartiennent aux contrées chaudes de la terre. Celui qui en produit le plus aujourd'hui est sans contredit le Brésil; puis viennent les îles de Java (Asie, Malaisie), de Ceylan (Asie, au sud de l'Inde), d'Haïti (Amérique centrale), les républiques de Vénézuéla (Amérique centrale) et de Costa-Rica (Amérique méridionale), enfin les îles de Cuba, de la Guadeloupe, de la Martinique (îles Antilles) et de la Réunion (mer des Indes). Parmi toutes ces contrées ne figure pas le pays d'où cette plante est originaire. Le caféier vient des côtes méridionales de la mer Rouge. Il n'existait pas dans le Nouveau-Monde avant le XVIIIe siècle. C'est en 1720 qu'un officier de la marine française, le chevalier Déclieux, réussit à transporter à la Martinique un pied de caféier. Pendant la traversée, l'eau vint à manquer. Réservant le peu qui lui restait pour ses hommes, le capitaine du navire refusa à Déclieux les moyens d'arroser sa plante. Celui-ci n'hésita pas à partager avec elle la maigre ration qui lui était accordée pour lui-même. C'est ainsi que la plante fut sauvée, et d'elle sont sortis tous les caféiers qui forment aujourd'hui les plantations américaines. Le dévouement du chevalier Déclieux mérite bien un souvenir reconnaissant.

Le meilleur café est connu dans le commerce sous le nom de *moka* ; c'est celui d'un port de commerce de l'Arabie situé sur le détroit par lequel la mer Rouge communique avec l'Océan Indien (détroit de Bab-el-Mandeb). Malheureusement la production en est peu abondante. Au second rang il faut citer le *bourbon* (île de la Réunion) et le *java* ; ensuite les cafés des Antilles.

116. — Comment on prépare le café. — Le commerce nous rapporte, non les fruits, mais les grains seulement, ce que l'on nomme le *café vert.* Ils sentent l'herbe et sont loin d'avoir tout le parfum qu'ils peuvent acquérir. Il faut les *brûler*, c'est-à-dire les griller quelque temps dans un vase de tôle que l'on tourne régulièrement au-dessus du feu. Le café prend alors une couleur brun noirâtre et il devient cassant. On le moud ensuite dans un petit moulin, qui le réduit en une poudre brune et très fine. On prépare la liqueur de café en jetant sur cette poudre de l'eau bouillante qui y séjourne quelques minutes. C'est ce qu'on appelle faire une *infusion.* On passe ensuite le tout sur un filtre de manière à séparer la liqueur de la poudre de café que l'on appelle le *marc*.

C'est une boisson qui flatte l'odorat et le goût et qui favorise la digestion. Le café a des partisans fougueux et des ennemis déclarés. Cependant ses qualités salutaires semblent bien établies. Les ouvriers de la Belgique se trouvent très bien d'en prendre journellement. On en donne aux soldats qui font campagne, et cet usage paraît très utile à leur santé.

117. — La chicorée. — Une coutume bizarre s'est répandue dans les contrées de l'Europe où le café est le plus en faveur : c'est d'y mêler de la *chicorée*. On nomme ainsi une poudre noirâtre qui n'est autre chose que de la *racine de chicorée* grillée et pulvérisée. Il est difficile de dire quel avantage on y trouve. La chicorée n'a pas d'autre mérite que de rendre plus foncée la couleur de l'infusion ; mais elle n'ajoute rien au goût. Cependant beaucoup de personnes y tiennent avec obstination.

118. — L'arbuste qui nous donne le thé. — Le *thé* s'obtient encore par infusion, mais ce ne sont pas les graines de la plante que l'on traite par l'eau bouillante, ce sont les feuilles. Cette plante est un joli arbuste de deux ou trois mètres de hauteur ; il ressemble à nos plantes de serre qu'on appelle des *camélias*. Les feuilles sont d'un vert foncé, ovales, allongées et pointues aux deux bouts. La culture du thé se fait en Chine et au Japon.

119. — Le thé que nous apporte le commerce. — On cueille les feuilles de cet arbuste deux ou trois fois pendant l'été. On les grille immédiatement sur de grands fourneaux, et on les remue sans cesse avec de petites fourchettes de bois de bambou. Le grillage ne dure que trois minutes. On les roule ensuite et l'on chauffe de nouveau. Enfin on les met dans des sacs de toile et on les y presse énergiquement. On recommence plusieurs fois ce traitement ; à la fin on ajoute une fine poudre bleue et on emballe pour livrer au commerce. C'est là ce que l'on appelle les *thés verts*. La préparation des *thés noirs* est un peu différente. Ils sont grillés plus fortement, et l'on n'y ajoute pas de poudre bleue. Les *thés noirs* comme les *thés verts* ne sont bons à employer qu'au bout de plus d'un an de préparation. Ils nous arrivent en Europe principalement par mer et surtout par les Anglais et les Hollandais. Cependant il se fait un commerce de *thé* par la voie de terre, à travers le continent asiatique de la Russie.

Fig. 35. — Rameau de Thé avec feuilles et fleurs (4 fois plus petit que nature); c'est avec ces feuilles séchées que l'on prépare la boisson aromatique appelée thé.

120. — Préparation de l'infusion de thé. — Pour préparer la liqueur que l'on connaît sous le nom de *thé*, on jette sur une pincée de feuilles une certaine quantité d'eau bouillante. Quelques minutes après, l'infusion est bonne à boire. Mais, comme le parfum du *thé* est extrêmement délicat, il faut toutes sortes de précautions pour bien réussir. Les Anglais et les Russes excellent dans l'art de préparer le thé. L'influence de cette liqueur sur la santé est bien reconnue. Les *thés noirs* surtout produisent une excitation salutaire; mais ils donnent parfois de la fatigue à l'estomac. Les *thés verts* empêchent certaines personnes de dormir. Les uns comme les autres favorisent la digestion. On emploie souvent le *thé* contre les dérangements de ventre, dans le traitement de la cholérine et même du choléra.

121. — Le chocolat vient du cacao. — Le *chocolat* est une sorte de pâte qui provient des amandes du *cacao*. Le *cacao* est la graine contenue dans le fruit du *cacaoyer*, lequel est un arbre de moyenne taille qui croît en Amérique. Les Espagnols, qui firent les premiers usage du *chocolat*, imitèrent une coutume générale au Mexique. Par eux les autres peuples de l'Europe apprirent peu à peu à connaître le *cacao* et son emploi. Actuellement la culture du *cacaoyer* est surtout développée au Mexique, au Nicaragua, au Vénézuéla, dans les Guyanes et aux Antilles.

122. — Le cacaoyer. — Le cacaoyer est un arbre à grandes feuilles avec des petites fleurs d'une couleur orangée. Le fruit, nommé *cabosse*, ressemble à un gros concombre long environ comme la main. Il est d'un jaune rougeâtre et il contient une quarantaine d'amandes brunes, au milieu d'une pulpe blanchâtre et aigrelette. Ces amandes sont désignées sous le nom de *fèves de cacao*. Souvent on dit simplement *cacao*.

123. — Récolte et préparation du cacao. — Quand les *fruits du cacaoyer* sont mûrs, on les cueille et on les ouvre pour en retirer les amandes. Elles sont alors d'un goût amer; mais on les laisse fermenter un certain temps, en tas, sous des feuilles. Ensuite on les sèche au grand soleil jusqu'à ce que, dans les coques sèches, lorsqu'on les agite, la partie intérieure résonne. C'est alors qu'on les livre au commerce. Il y a plusieurs variétés de cacaos. Les plus estimés sont les *caraques* du Vénézuéla.

124. — Fabrication du chocolat. — Le *chocolat* est un mélange de *sucre* et de *cacao* réduit en poudre. Mais, avant de pulvériser les fèves, on les nettoie avec soin. Ensuite on les sépare d'après leur grosseur, et l'on enlève toutes celles qui ont quelque défaut. Cela fait, le *cacao* est grillé à peu près comme le café, dans un brûloir en tôle sur un feu de coke. On broie les amandes au moyen de plusieurs machines employées successivement, et l'on obtient une poudre brune, onctueuse au toucher et d'une odeur agréable.

La poudre de *cacao* est portée ensuite dans un appareil appelé *mélangeur*, où deux meules, en tournant, la

FIG. 36. — Rameau de Cacaoyer (10 fois plus petit que nature) portant un fruit en train de se développer.

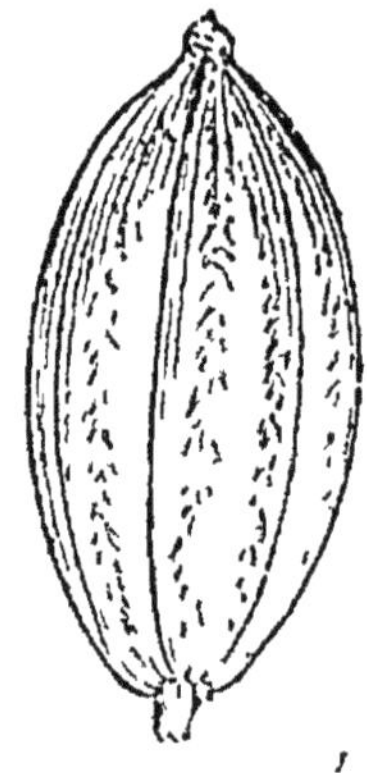

FIG. 37. — Fruit du Cacaoyer (6 fois plus petit que nature) ; il contient les fèves de cacao avec quoi l'on fait le chocolat.

mêlent avec un égal poids de *sucre* en poudre. Un second appareil achève de convertir la matière en cette pâte brune qui constitue le *chocolat*. Alors d'autres machines le disposent en tablettes de même poids, enveloppent celles-ci dans une feuille d'étain et enfin dans le papier où elles doivent se conserver pour la vente.

125. — Qualités du bon chocolat. — Le *chocolat* de bonne qualité a une odeur très franche de *cacao*. Lorsqu'on le casse, il montre intérieurement une pâte très fine. Enfin il doit fondre dans la bouche avec un certain goût de fraîcheur. Cuit dans l'eau, il donne un liquide coulant et non pâteux, qui en refroidissant se prend en une sorte de gelée. Il est utile de connaître ces signes de la bonne qualité du chocolat, car il n'est pas de denrée que l'on falsifie plus fréquemment. Lorsqu'il est bon, c'est un aliment sain et fortifiant ; mais il faut se défier avec soin des chocolats à bon marché.

RÉSUMÉ DU CHAPITRE XII.

113. — Les boissons que l'on appelle aromatiques sont le café, le thé et le chocolat.

114. — Le café provient des graines d'un arbrisseau originaire de l'Arabie et nommé caféier.

115. — Le caféier croît dans les parties chaudes de la terre; le Brésil, Java, Ceylan et les Antilles en produisent beaucoup. — Le moka est le meilleur café; viennent ensuite le bourbon, le java et les cafés des Antilles.

116. — Les grains de café sont grillés, moulus et arrosés d'eau bouillante; on obtient, en filtrant, une infusion qui est la liqueur de café. Elle a sur la santé une influence très heureuse.

117. — On a coutume en Europe de mêler au café en poudre la poudre provenant de la racine de chicorée grillée et moulue; cela rend la liqueur de café plus foncée en couleur.

118. — Le thé se prépare avec des feuilles séchées d'un arbuste de la Chine et du Japon.

119 — Le commerce nous livre les feuilles de thé, après une préparation qui les sèche entièrement. On distingue les thés verts et les thés noirs.

120. — La liqueur de thé est une infusion obtenue en versant de l'eau bouillante sur une petite quantité de feuilles desséchées. Le thé favorise la digestion; mais les thés noirs fatiguent souvent l'estomac; les thés verts empêchent certaines personnes de dormir.

121. — On prépare le chocolat en liqueur à l'aide d'une pâte de cacao sucrée. Le cacao est la graine du cacaoyer qui est un arbre de l'Amérique centrale.

122. — Il a un gros fruit nommé cabosse et contenant une quarantaine de graines appelées fèves de cacao.

123. — Lors de la récolte, on ouvre les cabosses pour en retirer les fèves; puis on laisse fermenter celles-ci ; on les sèche ensuite au grand soleil. Le meilleur cacao vient du Vénézuéla : c'est le caraque.

124. — La pâte de chocolat est un mélange de poudre de cacao avec du sucre.

125. — Le chocolat est un aliment sain et nourrissant; mais il faut qu'il soit de bonne qualité.

QUESTIONNAIRE.

113. *Qu'appelle-t-on boissons aromatiques?* — 114. *D'où tire-t-on le café?* — 115. *D'où vient le caféier?* — *Où le cultive-t-on surtout? Quels sont les meilleurs cafés?* — 116. *Comment opère-t-on pour préparer le café en liqueur?* — 117. *Qu'est-ce que la chicorée?* — 118. *Avec quoi fait-on le thé?* — 119. *Dans quel état trouvons-nous le thé dans le commerce? Quelles sont les deux grandes catégories de thés?* — 120. *Quelle liqueur fait-on avec le thé du commerce?* — *Quelles sont ses qualités?* — 121. *D'où vient le chocolat?* — 122. *Quelle est la plante qui le produit?* — 123. *Comment récolte-t-on et prépare-t-on les fèves de cacao?* — 124. *Comment fabrique-t-on la pâte de chocolat?* — 125. *Quelles sont les qualités du bon chocolat? Comment fait-on le chocolat liquide?*

CHAPITRE XIII.

FILAGE DU LIN ET DU COTON.

126. — Le lin. — Le *lin* est une petite plante qui ne s'élève guère à plus de 50 à 75 centimètres et que terminent de jolies fleurs bleues. Elle produit des graines qui renferment une *huile* de bonne qualité. Son écorce contient des *fibres* dont les hommes se servent, depuis les temps les plus anciens, pour faire du linge.

127. — Le chanvre. — Le *chanvre*, appelé aussi *chènevis*, est une autre plante de plus grande taille. Ses graines que l'on donne souvent à manger aux oiseaux, contiennent une *huile* dont se servent les peuples du Nord pour assaisonner leurs aliments. L'écorce du chanvre donne des *fibres* ou filaments d'une grande solidité. Pendant longtemps on s'est borné à en faire des cordes et des cordages. Dans les temps modernes, le perfectionnement de la fabrication a permis d'employer le chanvre pour tisser de la toile. On trouve dans une *chènevière* deux sortes de pieds de *chanvre*. Les uns sont plus fins et plus petits. Ils ne donnent point de graines (pieds mâles). Les pieds élevés et robustes sont seuls à produire des graines (pieds femelles). Ils donnent des filaments plus abondants, mais plus grossiers. La filasse du chanvre n'est, du reste, jamais aussi fine que celle du lin. Comme ces filasses sont de la même nature, puisqu'elles proviennent de l'écorce, on les file de la même manière. Ce sont elles qui constituent les toiles et en général le *linge de fil*. Vous remarquerez en passant que le mot *linge* dérive du mot *lin*. Aujourd'hui le *coton* fait au *linge de fil* une grande concurrence. Il vous sera facile de vous assurer que dans chaque famille il y a au moins autant de *toile de coton* ou *calicot* que de *toile de lin*.

FIG 38. — Pied de Lin en fleur, récemment arraché (4 fois plus petit que nature) ; l'écorce contient les filaments qui servent à faire les fils pour tisser le linge.

128. — Récolte et rouissage du lin et du chanvre. — Le lin est bon à récolter en juillet et août. Le chanvre l'est aussi vers la même époque. On arrache alors les plantes en ayant soin de ne point briser la tige. On les fait sécher un peu sur la terre ; puis on procède au *rouissage*. Cette opération a pour but de séparer les fibres contenues dans l'écorce, du bois léger qui forme les tiges. Elle consiste à maintenir les tiges de lin ou de

FIG. 39. — Partie supérieure d'une tige de Chanvre mâle en fleur (4 fois plus petite que nature).

FIG. 40. — Partie supérieure d'une tige de Chanvre femelle en fleur (4 fois plus petite que nature).

chanvre dans un bassin d'eau appelé *routoir*. Au bout d'une semaine ou deux, les fibres ou filaments se séparent facilement les uns des autres.

Les *routoirs* sont malsains. Il s'en dégage des émanations malfaisantes. Aussi est-il prescrit de les établir loin des habitations.

129. — Teillage et peignage. — On achève d'isoler les fibres du reste de la tige en concassant celle-ci sous une espèce de battoir en bois. Tandis que le bois se détache par menus fragments, les fibres, demeurées seules, forment la *filasse brute*. Cette nouvelle opération s'appelle le *teillage*. Aussitôt après, on passe la *filasse* sur de grands *peignes* à dents de fer qui retiennent les fibres trop courtes ou les petits morceaux de la tige ; c'est ce qui forme l'*étoupe*. La *filasse peignée* est bonne à filer.

130. — Le filage à la quenouille et au fuseau. — Jadis chaque ménage de paysan cultivait lui-même le chanvre ou le lin dont la famille avait besoin. Les femmes surtout, durant les veillées d'hiver, s'occupaient à filer pour porter ensuite au tisserand le fil qu'il convertissait en toile. Chaque fileuse mettait sa *filasse* sur une *quenouille* fixée dans sa ceinture. La main gauche tirait et tordait le *fil*, tandis que la main droite l'enroulait sur un *fuseau* qu'elle faisait tourner régulièrement. Le *rouet* est une petite machine qui, mue par un pied de la fileuse, tournait le fuseau et y envidait le fil ; c'était un premier perfectionnement. Ces habitudes ne subsistent aujourd'hui que dans quelques pays reculés. Le filage du lin et du chanvre se fait généralement au moyen de machines.

131. — Ce que c'est que le filage. — La *fileuse* n'a pas été remplacée par une machine *qui travaille mieux qu'elle*. Le filage à la main allait *trop lentement* ; voilà sa véritable infériorité. La *machine à filer* dut donc imiter le travail de la main en marchant infiniment plus vite.

La main de la *fileuse* extrait de la *filasse* dont sa quenouille est chargée, une pincée de fibres suffisamment grosse pour le fil qu'elle veut faire. Puis elle tire doucement sur ces fibres et les lisse en même temps. Elle les amène ainsi à se ranger toutes dans le même sens comme une chevelure bien démêlée. Alors elle a entre ses doigts une sorte de *ruban de filasse* parfaitement peignée et lissée. Elle le tord convenablement pour le convertir en *fil* bien fait. C'est la partie essentielle du filage, quelle que soit la matière textile que l'on file. Il a été fort difficile de parvenir à faire exécuter par une machine ce que fait si bien la main d'un bonne fileuse ; cependant on y a parfaitement réussi. La première machine à filer fut inventée vers 1767, en Angleterre, par Thomas Highs et John Kay. On la nommait *Jeannette-la-fileuse* ; elle était destinée à filer le coton. Plus tard, en 1775, Samuel Crompton, autre mécanicien anglais, imagina un bien meilleur métier, la *Mule-Jenny* (mule de Jeannette). On l'adapta bientôt au filage de la laine. Le filage du lin et du chanvre à l'aide des machines fut essayé sans succès pendant plus de vingt ans. Enfin, en 1810. le métier à filer le lin fut construit par le Français Philippe de Girard. Quant à la soie, bien moins difficile à filer, les premières machines furent employées à la fin du XIVe siècle par l'Italien Borghesano Lucchesi. De 1744 à 1770, le Français Vaucanson construisit les machines perfectionnées que l'on emploie.

133. — Le filage mécanique du lin et du chanvre. — On débute par *peigner* finement la *filasse* pour en ôter tout ce qui peut rester d'*étoupe*. On la fait ensuite passer par la *machine à étaler*, qui place les fibres à côté les unes des autres. Lorsque le *ruban de filasse* a été suffisamment égalisé et épaissi, le *métier à filer* s'en empare et le convertit en fil. Le fil sort du métier enroulé sur des bobines. On le dévide au moyen d'une machine pour le mettre en écheveaux. Enfin on blanchit les écheveaux dans plusieurs bains de diverse nature.

L'industrie de la filature du lin et du chanvre a pour grands centres en France les villes de Lille, Roubaix et Tourcoing, dans le Nord ; Amiens (Somme) ; Saint-Quentin (Aisne) ; Flers (Orne) ; Laval (Mayenne), et Le Mans (Sarthe).

133. — Ce que c'est que le coton. — Le *coton* ne secompose plus, comme le lin et le chanvre, de filaments ou fibres tirées d'une écorce. C'est une sorte de duvet qui entoure une graine et la revêt pour la tenir chaudement. Aussi le coton en vêtement conserve-t-il mieux la chaleur du corps que le lin et le chanvre. Le linge de fil est, chacun le sait, frais et bon pour l'été. Naturellement on appelle *cotonniers* les plantes qui produisent le *coton*.

Fig. 41. — Rameau et fleur de Cotonnier (6 fois plus petit que nature).

134. — Les cotonniers — On en cultive plusieurs espèces. Ce sont généralement des arbrisseaux ou des arbustes dont la taille peut atteindre 4 à 5 mètres de hauteur. Ils ressemblent par leurs fleurs et leurs feuilles aux mauves et aux guimauves de nos pays ; seulement leurs fleurs sont colorées en jaune et leurs fruits sont des capsules qui, s'ouvrant lorsqu'elles sont mûres, se montrent remplies d'une pelote de *coton*. Ce sont les graines contenues dans les capsules et dont on ne voit que la toison cotonneuse.

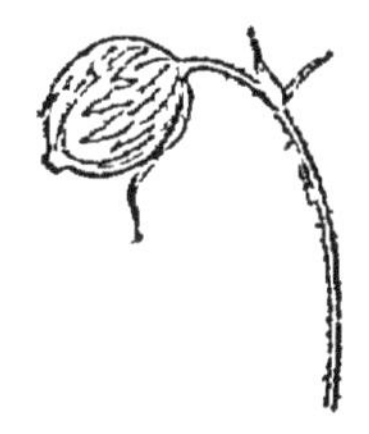
Fig. 42. — Une capsule de cotonnier, en voie de développement (6 fois plus petite que nature).

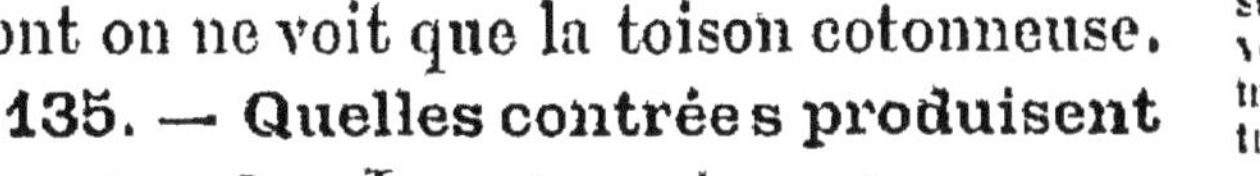

135. — Quelles contrées produisent le coton ? — Le *coton* est en usage pour faire des étoffes depuis une très haute antiquité. Lorsque les Grecs eurent leurs premiers rapports avec l'Inde, ils apprirent à le connaître. La culture du *cotonnier* était très active bien avant cette époque dans une grande partie de l'Egypte. Il paraît aussi qu'il existait des *cotonniers* dans l'Amérique du Sud avant l'arrivée des Européens. Néanmoins ceux-ci n'ont pas profité de cette production indigène, qu'ils ne connurent pas d'abord. Les *cotonniers* de l'Amérique du Nord proviennent des *cotonniers* de l'ancien monde. Aujourd'hui le premier pays pour la production du *coton* est sans contredit le

FIG. 43. — Une capsule mûre et ouverte laissant voir le Coton moitié de nature).

FIG. 44. — Une graine entourée de son Coton (un peu moindre que nature).

sud des Etats-Unis, particulièrement la Géorgie, la Caroline du Sud et l'Alabama ; mais on cultive les *cotonniers* dans presque toutes les contrées chaudes du monde. Le Brésil et l'Inde sont, après les Etats-Unis, les pays de grande production.

136. Récolte et extraction du coton. — La récolte du coton se fait à l'époque où les capsules sont ouvertes. On les cueille à la main, on les fait sécher au soleil et l'on met en tas quand tout est bien sec. Ensuite, à l'aide d'une sorte de moulin on *égrène* le coton, c'est-à-dire qu'on sépare les filaments des graines. Enfin on le bat avec des baguettes, et on le nettoie des corps étrangers qu'il peut contenir. Ainsi préparé, il est emballé, et le commerce s'en empare pour le porter dans les pays où il doit être filé et tissé.

137. — Préparation et filage du coton. — Le filage du coton se fait à la mécanique. On commence habituellement par le remuer violemment pour le faire renfler, car l'emballage l'a tassé fortement. Il reprend ainsi sa légèreté, et on profite de l'opération pour le nettoyer de toutes les saletés dont il peut être encore souillé. Une machine nommée *ouvreuse* exécute ce premier travail. D'autres machines l'étalent par un battage prolongé, en une nappe uniforme. On le *carde* ensuite au moyen de lames de cuir hérissées de petites aiguilles recourbées. Le mouvement des pièces de la machine qui opère le *cardage* tire suivant sa longueur la nappe de coton et la convertit en une sorte de ruban où les brins sont parallèles entre eux dans le sens de la longueur. Ce ruban de coton est ensuite filé et tordu comme nous l'avons vu pour le lin et le chanvre.

L'Angleterre est le premier pays du monde pour ses filatures de coton. La France occupe après elle un rang très important. Troyes, Saint-Quentin, Lille, Roubaix et Tourcoing sont les grands centres du nord pour l'industrie du coton. Il y en a un autre à Rouen et dans les environs.

RÉSUMÉ DU CHAPITRE XIII.

126. — Les fibres tirées de l'écorce du lin servent à faire le linge.

127. — L'écorce de chanvre donne une filasse plus grossière avec laquelle on fait de la corde et de grosses toiles.

128. — Le lin, arraché en plein été, est séché sur la terre, puis soumis au rouissage pendant huit ou quinze jours. — Le chanvre se traite de même.

129. — Après le rouissage on teille, puis on peigne, la filasse; dès lors elle est bonne pour faire du fil.

130. — Jusqu'au siècle dernier le filage était fait par les femmes des campagnes, à l'aide d'une quenouille, d'un fuseau, et ordinairement d'un rouet pour enrouler le fil à mesure qu'il se fait.

131. — A ce travail trop lent pour les besoins de l'industrie, on a substitué le filage à la machine. Celle-ci imite à peu près le travail de la fileuse : elle prend une pincée de filasse, la lisse et la peigne, puis la tord pour former le fil. La machine à filer ne fut inventée qu'en 1767.

132. — Le filage du lin exige que la filasse soit peignée, étalée, égalisée et épaissie avant d'être livrée au métier à filer. Le chanvre est traité de la même manière.

133. — Le coton ne provient pas d'une écorce ; c'est un long duvet qui entoure la graine du cotonnier.

134. — Le cotonnier est un arbrisseau ou arbuste dont les fleurs ressemblent à celles des mauves; les fruits sont des capsules contenant plusieurs graines avec leur toison cotonneuse.

135. — Le coton se produit dans l'Inde, en Egypte et surtout dans les Etats-Unis de l'Amérique du Nord.

136. — Quand les capsules sont ouvertes, on les cueille et on les fait sécher; ensuite on égrène pour isoler le coton et on le nettoie.

137. — Pour filer le coton, on commence par l'agiter fortement afin de le renfler, parce que l'emballage l'a comprimé. On le nettoie encore, puis on l'étale et on le carde ; enfin le métier à filer le tord et le convertit en fil.

QUESTIONNAIRE.

126. *A quoi sert l'écorce du lin?* — 127. *Que fait-on de l'écorce du chanvre ?* — 128. *Qu'est-ce que le rouissage du chanvre ou du lin ?* — 129. *Quelles opérations suivent le rouissage ?* — 130. *Comment filait-on autrefois ?* — 131. *Comment file-t-on aujourd'hui ? Quand fut inventée la Machine à filer ? Quel en fut l'inventeur ? Par qui fut-elle perfectionnée ?* — 132. *Comment prépare-t-on la filasse avant qu'elle ne passe au métier à filer ?* — 133. *D'où provient le coton ?* — 134. *Qu'est-ce que le cotonnier ?* — 135. *Quels sont les pays les plus importants pour la production du coton ?* — 136. *Comment récolte-t-on les filaments de coton ?* — 137. *Quelle préparation demande le coton avant de passer au métier à filer ?*

CHAPITRE XIV.

LA LAINE ET LA SOIE.

138. Les moutons sont par excellence les bêtes à laine. — La *laine* sert à fabriquer les vêtements les plus chauds, les couvertures qui garnissent nos lits, les gros draps qui protègent les soldats en campagne. La laine, en un mot, est la matière textile la plus précieuse pour nous bien couvrir. Aussi nous vient-elle d'animaux qu'elle enveloppe d'une épaisse toison. Qui n'a vu, peu de temps avant la tonte, ces *moutons* dont le corps semble noyé sous la laine qui les recouvre ? L'élevage des *moutons*, en vue de produire de la laine, est une des grandes industries de nos agriculteurs.

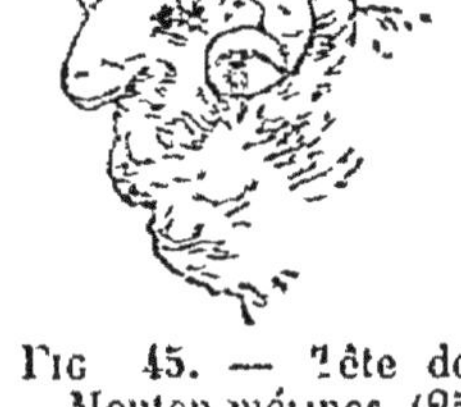

FIG. 45. — Tête de Mouton mérinos (25 fois plus petite que nature).

La France a particulièrement réussi à former de bonnes races, et le *mouton mérinos français* est devenu un type pour la finesse de sa laine et l'abondance de sa toison. Nous avons d'ailleurs à cet égard des rivaux en Allemagne et en Angleterre. Les colonies anglaises de l'Australie fournissent aussi à l'Europe un grand nombre de toisons : car on y élève de nombreux troupeaux de bêtes à laine.

139. La laine et le jarre des moutons domestiques. — Les animaux dont le corps est couvert de poil en ont de deux sortes. L'un est composé de brins luisants, longs, droits et plus gros : c'est le *poil soyeux*. L'autre, plus court, plus fin et plus terne, se cache sous le *poil soyeux*, comme une bourre retenant la chaleur : c'est le *poil laineux*. Ses brins sont crépus, contournés en une série de zigzags souvent très réguliers. En domesticité, nos *moutons* cessent peu à peu de produire du *poil soyeux* ou *jarre*. Le *poil laineux* au contraire croît abondamment et finit par former seul toute la *toison* ; c'est alors la *laine*. Dans les belles *toisons*, il n'y a plus de *jarre*, ce n'est que de *la laine* partout.

140. — La tonte des moutons. — Chaque année, on coupe la *toison* des moutons, soit une fois en mai ou en juin, soit deux fois, en avril et en septembre. Chaque *toison* est naturellement enduite d'une matière grasse exhalant une odeur forte ; cela s'appelle le *suint* ou *surge*. Elle unit les flocons de *laine* de façon que la toison, lorsqu'elle est coupée, reste en une seule pièce, telle qu'elle était sur l'animal. Tantôt avant de la couper, on l'a lavée dans quelque ruisseau, cela s'appelle le *lavage à dos* ; tantôt on lave la toison après la tonte. Ce premier lavage, qui se fait à l'eau froide, enlève la partie du suint qui est au dehors de la toison. Ensuite on fait le triage des laines pour les réunir par qualités semblables. Enfin on lave la laine à l'eau chaude et au savon pour lui enlever le reste du suint. Après ces diverses opérations, on la sèche avec soin.

141. — Laines courtes et laines longues. — Il y a lieu de distinguer deux sortes de laine : les *laines courtes* et les *laines longues*. Les *laines courtes* n'ont pas plus de dix centimètres de longueur et sont finement frisées. On les préfère pour la fabrication des *draps*. Les *laines longues* ont des brins qui dépassent dix centimètres et dont la frisure est à peine marquée. Elles servent à faire les étoffes rases et lisses, telles que les *mérinos*. Les *laines courtes* sont surtout *cardées*, tandis que l'on *peigne* les laines longues. Il y a entre un *peigne* et une *carde* une grande différence. Avec ses pointes crochues, la *carde* tire les brins de laine dans divers sens et les entremêle de manière que l'étoffe tissée avec le fil de laine cardée est feutrée et a un aspect velu. Le *peigne* au contraire, avec ses dents bien droites, démêle la laine et dispose les brins parallèlement entre eux. L'étoffe qui en résulte est unie, sans aucun duvet.

142. — Filage des laines cardées. — Le filage des *laines courtes* ou *cardées* est assez simple. On commence par engager la laine dans une machine appelée *batteuse*. Elle a pour effet d'écarter les brins et de les confondre en une masse moelleuse et légère. Ensuite on la graisse avec de l'huile d'olive pour qu'elle glisse facilement sur les *cardes*. Alors se fait le *cardage*. En passant dans trois machines successives, la *nappe de laine* se transforme en un *rouleau* qui sera immédiatement *filé* et *tordu*.

143. — Filage des laines peignées. — Les *laines longues* subissent plusieurs préparations avant d'être *peignées*. Après les avoir imprégnées d'huile, on les *carde* à la manière du coton, mais sans les *battre*. Dans la cardeuse, elles prennent la forme de *rubans* dont on lisse les brins à plusieurs reprises. Elles sont alors convenablement préparées pour passer à la *peigneuse*. Cette machine les rend absolument lisses et l'on peut alors les *étirer* et les tordres sur le métier à filer.

Les filatures de laine les plus importantes de la France se trouvent dans le Nord (Roubaix), les Ardennes (Sédan), l'Eure (Lisieux, Elbeuf, Louviers), la Marne (Reims), le Tarn (Mazamet).

144. — La soie vient d'une chenille. — Nous allons maintenant parler de la plus brillante de nos matières textiles, c'est la *soie*. Presque toutes nos étoffes de luxe sont des *soieries*, et parmi elles les *velours* et les *satins* ont un éclat que rien n'efface. Cette précieuse matière ne croît pas, comme la *laine*, sur le dos d'un gros animal. C'est un insecte qui la produit, et on lui donne le nom de *ver à soie*. C'est en réalité une *chenille*, car elle est destinée à prendre la forme d'un papillon.

145. — **Le cocon du ver à soie.** — Vers le milieu du printemps, on s'occupe de faire éclore les *graines* (c'est-à-dire les *œufs*) des *vers à soie*. Pour cela on les tient au chaud. Au bout de peu de temps il en sort une petite chenille longue d'environ 2 millimètres et couverte de poils noirs. On nourrit les *vers à soie* avec de la feuille fraîche de *mûrier blanc*, et, au bout de 30 jours, ils sont tellement grossis que leur longueur atteint 7 à 8 centimètres. Ils sont alors d'un gris bleuâtre et leur peau ne porte presque plus de poils. A ce moment ils cessent de manger et montent partout où ils peuvent : on a soin de mettre à leur disposition des petites bottes de branchages sur lesquelles ils se hâtent de s'élever. Chaque *ver* file alors un *cocon* de *soie* qui l'entoure et le cache bientôt à tous les regards. Ce *cocon*, qui a une forme ovale, est un tissu fait d'un *fil de soie* extrêmement fin. Il faut mettre à côté les uns des autres 80 de ces fils pour couvrir une largeur d'un millimètre. Le *cocon* reste une vingtaine de jours au milieu des branchages auxquels il est suspendu. Après cela il en sort un *papillon* d'un blanc rosé ou jaunâtre avec quelques raies grises. C'est le bom-

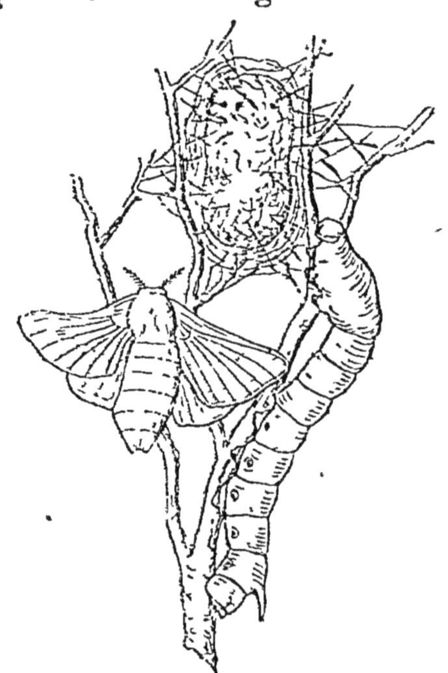

FIG. 46. — Ver à soie, cocon et papillon (moitié moindres que nature) ; le cocon est formé de soie ; on le dévide et l'on file.

byx du *mûrier*, ou vulgairement *papillon du ver à soie.*

146. — Le déramage et l'étouffage. — Pour recueillir la soie, on détache les *cocons* une semaine après qu'ils ont été formés, bien avant l'époque où en sortiraient les papillons. Cette première opération se nomme le *déramage* : ce nom indique qu'on les retire des rameaux qui les portent. Chaque *cocon* est entouré de fils lâches qui forment ce qu'on appelle la *bourre*. On enlève celle-ci, et cela constitue un second travail nommé le *débourrage*.

Fig. 47. — Ouvrière dévidant la soie des cocons ; ils sont placés devant elle dans une bassine d'eau chaude ; les fils de soie vont s'enrouler sur le tambour placé derrière.

Les cocons ainsi nettoyés sont plongés dans l'eau bouillante, ou dans un four chauffé. Ceci est *l'étouffage*, car par ce moyen on étouffe les animaux que les cocons renferment ; c'est afin de les empêcher d'éclore. Le papillon, pour sortir, ferait un trou, et le cocon ainsi percé ne pourrait plus se dévider.

On a soin, pour avoir d'autres *vers à soie*, de garder un certain nombre de cocons qu'on laisse éclore. Les *papillons* qui en sortent pondent des *œufs* ; c'est de la *graine* pour une nouvelle éducation de vers.

147. — Le tirage et dévidage de la soie. — Après *l'étouffage*, on procède à ce que l'on nomme le *tirage de la soie*. On met les cocons dans l'eau chaude sur laquelle ils surnagent, et on les y agite quelque temps. Alors on aperçoit les bouts de fil qui se détachent. L'ouvrière les saisit un à un, en réunit un certain nombre que l'on attache sur un *dévidoir*, pour former un seul fil suffisamment gros. C'est ainsi que l'on obtient ce qu'on appelle la *soie grège*. Diverses préparations augmentent peu à peu la force et l'éclat du fil. On réunit encore sur une même bobine trois ou quatre fils de *soie grège*, puis on tord le nouveau fil, et ensuite on le dispose en un écheveau qu'on appelle *flotte*. Ainsi travaillée, la soie est bonne à être convertie en étoffe.

L'élevage des vers à soie ne réussit que dans quelques parties du midi de la France, surtout dans la région moyenne de la vallée du Rhône. C'est à Lyon et à Saint-Étienne qu'est *centralisée la fabrication des soieries*.

RÉSUMÉ DU CHAPITRE XIV.

138. — La laine vient de la toison du mouton; l'élevage des moutons en vue de la laine est surtout florissant en France, en Angleterre et en Allemagne.

139. — La toison d'un animal comprend deux sortes de poil, le laineux et le soyeux ou jarre. La toison des belles races de moutons ne contient plus de jarre.

140. — On fait chaque année une tonte ou deux. La toison est enduite naturellement de suint. On la lave pour enlever une première partie du suint; on trie les diverses qualités de laine, puis on lave à l'eau de savon pour enlever le reste du suint; enfin on sèche la toison.

141. — Il y a deux sortes de laines : les laines courtes préférables pour fabriquer les draps; les laines longues bonnes pour fabriquer les étoffes, telles que les mérinos. — On carde les laines courtes; on peigne les laines longues.

142. — Pour filer les laines à carder, on les bat à la machine, on les graisse avec de l'huile, puis elles passent successivement dans trois machines à carder; après cela, on les file.

143. — Les laines à peigner sont plus longues à préparer; on les graisse à l'huile, et on les carde comme le coton, on les peigne à plusieurs reprises; après cela, a lieu le filage.

144. — La soie est produite par la chenille d'un papillon de nuit.

145. — On fait éclore les vers à soie au printemps; on les nourrit de feuilles de mûrier blanc; ensuite le ver s'enferme dans un cocon de soie, où il devient chrysalide, puis papillon; il perce le cocon, pour en sortir.

146. — Pour recueillir la soie, il est nécessaire que les cocons ne soient pas troués : aussi les met-on dans l'eau bouillante ou dans un four, pour étouffer l'insecte.

147. — Ensuite on tire la soie et on la dévide : ce qui donne la soie grège.

QUESTIONNAIRE.

138. *D'où provient la laine ?* — 139. *Combien distingue-t-on de sortes de poil ?* — 140. *Comment se fait la tonte des moutons ? Qu'est-ce que le suint ?* — 141. *Quelles sont les deux grandes catégories de laines qu'il faut distinguer ? A quoi sont-elles propres ?* — 142. *Comment prépare-t-on les laines cardées pour le filage ?* — 143. *Comment prépare-t-on les laines peignées ?* — 144. *Qui est-ce qui produit la soie ?* — 145. *Comment obtient-on le cocon du ver à soie ?* — 146. *Qu'appelle-t-on déramage, débourrage et étouffage des cocons ?* — 147. *Qu'appelle-t-on tirage et dévidage de la soie ? Que nomme-t-on soie grège et flotte ?*

CHAPITRE XV.

LE TISSAGE ET LE TANNAGE.

148. — Tous les tissus consistent en un enlacement de fils. — Toutes les matières textiles dont nous venons de nous occuper subissent en résumé une première transformation qui est toujours la même. Que l'on ait récolté de la filasse de lin, du coton, de la laine ou de la soie, on en fait toujours du fil C'est avec ce fil que l'on tisse les étoffes. Aussi le *tissage* est-il au fond toujours le même, quelle que soit la nature des fils que l'on tisse. Pour comprendre comment avec des fils on fait une étoffe, nous dirons de quoi se compose une étoffe unie, telle que la toile, le mérinos, le drap ou le taffetas. Prenons la toile, par exemple.

149. — La chaîne et la trame. — Les fils dont se compose la toile sont enchevêtrés dans deux directions. Les premiers sont placés à côté les uns des autres, suivant la longueur de l'étoffe. Ce sont les *fils de chaîne*. Les seconds sont disposés en travers dans le sens de la largeur. Ce sont les *fils de trame*. En un mot, la *chaîne* est en croix avec la *trame*. Mais il faut en outre qu'ils tiennent

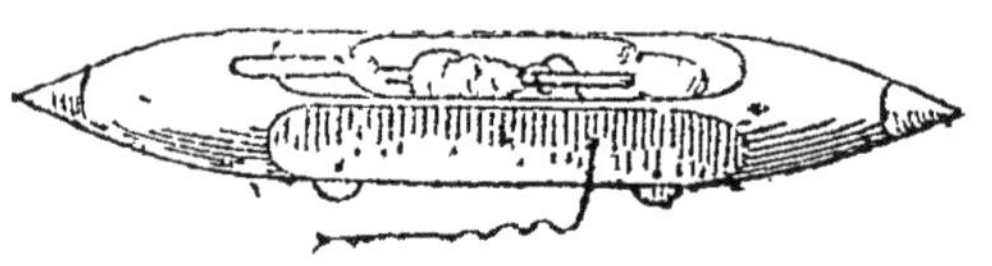

Fig. 48. — Navette chargée de sa canette dont le fil se dévide par un trou de côté.

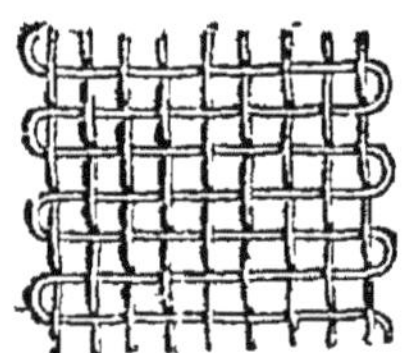

Fig. 49. — Disposition de la chaîne et de la trame dans la toile.

Fig. 50. — La chaîne à double fil d'une gaze.

les uns aux autres. On obtient cela en faisant passer chaque fil de *trame* tour à tour en dessus et en dessous des divers fils de *chaîne*. Cet enchevêtrement des fils entre eux constitue proprement le *tissage*.

Chaque fil de *chaîne* a toute la longueur de la pièce ; quant à la *trame*, c'est autre chose. Les fils de trame sont jetés en travers de l'étoffe de droite à gauche, puis de gauche à droite, puis encore de droite à gauche, et ainsi de suite. La trame représente donc une longue série de va-et-vient par le travers de l'étoffe.

150. — Ourdissage de la chaîne et tissage. — Lorsque l'on veut *tisser*, il est nécessaire de disposer d'abord les fils de *chaîne* de façon à ce qu'ils soient tendus. C'est ce qu'on appelle *ourdir la chaîne*. En même temps on les enduit de pâte de farine; puis on les sèche et on les enroule sur un cylindre de bois. A mesure que l'on jette la *trame sur la chaîne*, on déroule celle-ci et l'on enroule de l'autre côté l'étoffe toute tissée, sur un autre cylindre. Les *fils de trame* sont pelotonnés sur des bobines appelées *canettes*. On place la *canette* dans un instrument appelé *navette*. Il est effilé en pointe à ses deux bouts, ce qui permet de le faire glisser sans peine entre les *fils de chaîne*, à travers lesquels la *navette* conduit *le fil de trame*.

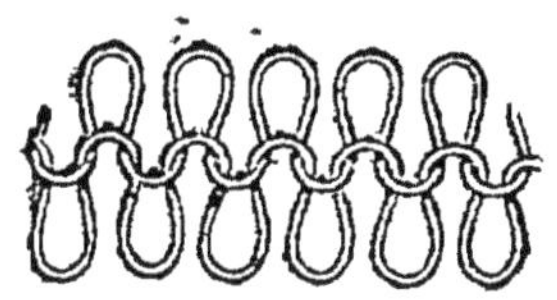

FIG. 51. — Enlacement du fil sur lui-même dans un tricot; il forme ainsi les mailles.

151. — Il y a diverses manières de tisser. — Quand on fait de la toile, le *fil de trame* doit passer en dessus de tous les fils de rang impair (1er, 3me, 5me fil, etc.), puis en dessous de tous les fils de rang pair (2me, 4me, 6me fil, etc.). Quand la *navette* reviendra de gauche à droite, ce sera juste l'inverse. Le *métier à tisser* est disposé de façon à élever, pour chaque jet de *navette*, les *fils de chaîne* sous lesquels il faut passer et abaisser les autres. De la sorte, la *navette* va en un seu jet d'un bord de la chaîne à l'autre.

Le *tissage* est plus compliqué lorsque l'étoffe doit porter un dessin. Je ne pourrais davantage vous expliquer comment on dispose les fils relevés qui donnent au velours son apparence veloutée. C'est en voyant fabriquer que vous arriveriez à le comprendre. Dans les étoffes, telles que les gazes et les barèges, chaque fil de chaîne est entouré d'un second fil qui s'enroule autour du premier.

Le tricot, le tulle, la dentelle sont des tissus d'un tout autre genre. Ils sont formés de mailles où chaque fil, en se contournant, s'enlace avec le fil voisin.

152. — Le cuir tanné est une véritable étoffe naturelle. — Pour faire certaines parties de nos vêtements et surtout nos chaussures, on emploie du *cuir*. C'est une sorte d'*étoffe* tissée par la nature, puisque le *cuir* provient de la peau qui recouvre le corps des animaux. Les premiers vêtements que les hommes ont employés étaient faits de peaux de bêtes, aussi bien que tissés avec des filaments, car en même temps qu'ils apprenaient à tisser les filaments des plantes et la laine de leurs troupeaux, ils imaginaient aussi des moyens de rendre incorruptible la peau des bêtes fauves qu'ils abattaient à la chasse. Aussi l'art de faire des tissus est aussi ancien que celui de *tanner le cuir*. Chez presque tous les peuples sauvages qu'on a successivement découverts, on a trouvé en usage des tissus fabriqués par eux et des pelleteries qu'ils savaient *tanner*.

153. — Le tannage préserve le cuir de la corruption. — Le but de l'opération du *tannage* est de rendre la peau inaltérable. On comprend en effet que, si elle ne recevait aucune préparation, une *peau* d'animal exposée tour à tour à l'humidité, à la pluie, au soleil, ne tarderait pas à se pourrir. Elle commencerait par répandre une odeur fort incommode, puis elle se gâterait peu à peu et tomberait en lambeaux.

154. — Pour être tannées, les peaux doivent être humectées et souples. — Les *peaux* provenant des abattoirs sont souples et humectées. Lorsqu'elles arrivent à la *tannerie*, il suffit de les laver dans un courant d'eau pour enlever les taches de sang et les fragments de chair qui les souillent. Mais les *tanneurs* reçoivent des *peaux sèches*, depuis longtemps détachées du corps de l'animal. Il faut alors les mouiller, les piétiner, souvent les passer dans un bain d'eau de chaux, pour les rendre souples comme elles étaient à l'état frais.

155. — Epilage et gonflement du cuir. — Pour tanner la peau, on commence par la dépouiller de ses poils C'est ce qu'on appelle l'*épilage* ou *débourrage*. Cela consiste à la tremper dans un liquide qui altère la matière du poil ou qui relâche les fibres de la peau de façon à ce que les racines n'y soient plus serrées. Les liquides qui servent à préparer l'épilage sont très variés, mais ils rendent facile la chute des poils. Alors on gratte la surface poilue de la peau avec le *piloir*, qui est un couteau émoussé. On la frotte ensuite avec une pierre à aiguiser nommée *queurse*. Enfin on la lave dans une eau courante. La peau nettoyée de tout le poil montre sa *fleur* à nu. On donne ce nom de fleur au côté de la peau qui portait le poil.

FIG. 52. — Epilage d'une peau destinée au tannage.

La seconde opération est le *gonflement du cuir*. Il s'agit d'ouvrir ses pores et de renfler son tissu. On met la peau tremper successivement dans plusieurs cuves remplies d'eau qui a longtemps séjourné dans les fosses de *tannage*.

156. — Le tannage. — Enfin vient le *tannage* proprement dit ; il se fait dans des fosses en bois ou en maçonnerie dont les bords ne dépassent pas le sol. On y place une couche de *tan*, qui est de l'écorce de chêne broyée. Par-dessus on dispose une couche de *peaux*, et l'on alterne ainsi jusqu'à ce que la fosse soit pleine. Alors on y fait venir l'eau de façon que tout soit submergé. Les *peaux* restent ainsi bien des mois au contact du *tan*. Par-ci par-là, on les change de cuve. L'opération dure souvent une année, quelquefois dix-huit mois ou deux ans.

Le *tannage* une fois fini, on nettoie avec un couteau la face du cuir opposée à la *fleur*. On la travaille de façon à égaliser partout son épaisseur. Enfin, avec un instrument spécial et par un travail assez pénible, on adoucit et l'on polit la *fleur* elle-même.

Les peaux que l'on veut employer comme fourrures ne subissent pas l'*épilage*, on les *tanne* avec leur poil intact.

RÉSUMÉ DU CHAPITRE XV.

148. — Le tissage consiste à enlacer les fils les uns avec les autres de façon à former une étoffe.

149. — Ainsi, dans une toile, les fils de chaîne dirigés suivant la longueur se croisent avec les fils de trame dirigés suivant la largeur. La trame passe tour à tour en dessus et en dessous de la chaîne.

150. — Pour tisser de la toile, on commence par ourdir la chaîne, puis on l'enduit de pâte de farine, on la sèche et on l'enroule. Ensuite on jette la trame sur la chaîne au moyen de la navette.

151. — A mesure que l'on jette la navette, le métier à tisser élève et abaisse tour à tour les fils de chaîne selon le besoin.

152. — Le cuir tanné provient de la peau de certains animaux

153. — On tanne le cuir pour l'empêcher de se pourrir.

154. — Pour être tannées, il faut que les peaux soient humectées et souples.

155. — On commence par épiler ou débourrer la peau; ensuite on fait gonfler le cuir.

156. — Après cela on le fait séjourner dans des fosses avec du tan. Quand le tannage est complet, on égalise l'épaisseur du cuir et l'on en polit la fleur.

QUESTIONNAIRE.

148. — *En quoi consiste le tissage ?* — 149. *Qu'appelle-t-on chaîne et trame ?* — 150. *Par où commence le tissage de la toile ? A quoi sert la navette ?* — 151. *Quel est le jeu principal du métier pour faciliter le jeu de la navette ?* — 152. *Qu'est-ce que le cuir ?* — 153. *Quel est le but du tannage ?* — 154. *Dans quel état doivent être les peaux pour subir le tannage ?* — 155. *Quelle préparation leur fait-on subir ?* — 156. *En quoi consiste le tannage proprement dit ? Comment le termine-t-on ?*

CHAPITRE XVI.

LE PAPIER ET L'IMPRIMERIE.

157. — Les chiffonniers. — Jadis on rencontrait communément dans Paris chaque soir de singuliers ouvriers ; mis généralement d'une façon misérable, hommes, femmes ou enfants parcouraient les rues avec une hotte sur le dos. D'une main ils portaient une lanterne et de l'autre un bâton armé d'un crochet de fer à son extrémité. Ils allaient de tas d'ordures en tas d'ordures. Ils y fouillaient minutieusement, à la lumière de leur lanterne. Chaque morceau de papier, chaque chiffon était aussitôt harponné avec le bâton à crochet et jeté dans la hotte. Ils allaient ainsi une partie de la nuit, et au petit jour ils rentraient dans leurs quartiers, la hotte entièrement pleine de papiers et de chiffons. Ces ouvriers nocturnes sont les *chiffonniers*. Il en existe encore un grand nombre dans Paris, mais ils exercent leur industrie d'une manière un peu différente. Qu'importe ? le commerce des chiffons et morceaux de papier est encore plus actif qu'autrefois, et il s'exerce dans toutes les grandes villes.

158. — Ce que l'on fait des vieux chiffons. — Que peut-on faire de ces débris souvent repoussants? Pourquoi cette exploitation des ordures rejetées sur les chemins? Dans quel but peut-on en faire un si grand commerce? Ne vous en étonnez pas : le commerce des chiffons et des vieux papiers est la base de la fabrication des papiers de tout genre. Les besoins sont tellement multipliés que l'on utilise toutes les matières qui peuvent servir à cette fabrication. Les chiffons ne suffisent pas ; on met en œuvre les vieux cordages, la paille, les copeaux et les menus morceaux de bois, les rognures et morceaux de papier, et surtout les déchets provenant des filatures. Les qualités des divers genres de papier étant très variables, on trouve le moyen de tirer parti de tout. Seulement il faut traiter d'une façon particulière ces diverses matières premières, de façon à les ramollir, à les diviser, à les blanchir pour entrer dans la pâte à papier.

159. — Le triage des chiffons. — Sans nous arrêter à tant d'opérations différentes, nous chercherons à comprendre comment on traite les chiffons pour en faire du papier. On commence par les trier et par mettre ensemble ceux qui ont le même degré de finesse. On défait ensuite toutes les coutures sans exception. On les nettoie très complètement et on finit par les laver avec de l'eau contenant un peu de soude.

160. — Le défilochage et le blanchiment. — Cela fait, on les soumet au *défilochage*, c'est-à-dire que, dans une caisse contenant de l'eau, un rouleau armé de lames de métal et tournant sur lui-même déchire le tissu et les fils qui le composent. Il en résulte une espèce de charpie que l'on fait égoutter et que l'on blanchit ensuite. Le *blanchiment* se fait au moyen d'une substance que l'on appelle *chlorure de chaux*. On arrive ainsi à obtenir une pâte bien liée et d'une blancheur convenable. Reste à l'obtenir en une lame mince qui puisse, en séchant, devenir une feuille de papier.

161. — Le papier à la forme. — Le procédé le plus parfait est la *fabrication du papier à la forme*. On fait dans une cuve une bouillie claire de pâte bien préparée. On y plonge un châssis dont le fond est formé de fils métalliques plus ou moins fins et serrés, sans se toucher complètement. C'est ce que l'on nomme une *forme*. On retire ce châssis ; l'eau s'écoule entre les fils de fer, et la pâte reste en feuille mince sur ce fond à claire-voie. Il faut ensuite la faire sécher, l'encoller avec de la gélatine, et le papier est fait.

162. — Fabrication mécanique du papier. — Le procédé à la forme fournit lentement. Lorsqu'on a recours à *la machine*, on a du papier moins parfait, mais on fabrique infiniment plus vite. Pour ce mode de fabrication, on encolle d'avance la pâte à papier. On la réduit en une bouillie claire que l'on répand sur une toile métallique où se forme la feuille. De là elle se lisse en passant entre plusieurs systèmes de rouleaux tournants. Elle se sèche en même temps. Enfin elle s'enroule sur un dernier rouleau appelé *cylindre-magasin*. C'est là qu'on la prend pour la couper suivant les dimensions convenables.

Pour obtenir des papiers colorés, on mêle à la pâte les matières nécessaires pour obtenir la teinte que l'on veut. Dans la fabrication des papiers peints, on imprime sur le papier tout fabriqué les dessins en couleur dont on veut le décorer.

Les principaux centres de fabrication de papier se trouvent, en France, à Angoulême (Charente), à Annonay (Ardèche) et dans les environs de Paris.

L'un des principaux usages du papier est de recevoir les caractères d'écriture tracés à la main ou les caractères imprimés, tels qu'on les voit dans les livres. L'écriture à la main se trace au moyen du *crayon* ou de l'*encre à écrire*.

163. — Fabrication des crayons de mine de plomb. — Les crayons que l'on emploie pour écrire sont ceux que l'on désigne sous le nom de *crayons de mine de plomb*. Ce nom indique une ressemblance avec le plomb, à cause de eur couleur et de leur aspect métallique. Mais en réalité aucun de nos crayons à écrire ne renferme une parcelle de plomb. Ils sont faits d'une espèce de charbon compact appelé *plombagine*. C'est la même dont on frotte la tôle pour la préserver de la rouille. La plombagine réduite en poussière extrêmement fine est mêlée à de l'argile d'une grande pureté. Il en résulte une pâte que l'on moule en petites baguettes. On les durcit en les séchant sous l'influence de la chaleur. Enfin on les enveloppe de deux morceaux de bois de cèdre que l'on colle ensemble.

164. — Fabrication de l'encre noire à écrire. — Plusieurs sortes d'encres sont en usage, mais je ne vous parlerai que de l'*encre noire*, de beaucoup la plus employée. On l'obtient au moyen du vitriol vert ou *couperose verte* (sulfate de fer) traitée par une décoction de *noix de galle*. On appelle ainsi de grosses excroissances que la piqûre d'un insecte fait venir sur les feuilles d'une espèce de chêne. La noix de galle atteint à peine la moitié de la grosseur d'une noix proprement dite. Souvent on ajoute à l'encre diverses substances pour l'épaissir (gomme, bière épaisse, cassonade) ou pour rendre sa couleur plus foncée (matière colorante tirée du bois de campêche).

165. — L'encre d'imprimerie. — L'*encre d'imprimerie* a une autre composition. On prend du noir de fumée provenant de la flamme de goudron, et on le mêle à de l'huile que l'on a fait cuire préalablement. La fabrication exige beaucoup de soin ; car il importe que l'encre ne produise aucune tache d'huile sur le papier. Il faut pour cela choisir certaines huiles et broyer la matière avec grand soin, pour la lier aussi bien que possible.

166. — Les livres d'autrefois et ceux d'aujourd'hui. — Vous croyez peut-être qu'il a toujours existé des livres comme ceux que vous avez constamment dans les mains, et que les ouvrages des grands écrivains de la Grèce et de Rome furent publiés dans l'antiquité comme ceux de nos auteurs actuels. Détrompez-vous. Un livre chez les anciens n'était autre chose qu'un rouleau de papier plus ou moins épais. L'ouvrage y était écrit à la main, c'est-à-dire que tout livre était un *manuscrit*. Nos livres actuels avec leurs lettres imprimées n'ont commencé à exister qu'il y a près de quatre siècles et demi. C'est à cette époque que l'*imprimerie* fut inventée à Mayence par trois hommes qui s'étaient associés pour cette œuvre. Le plus célèbre est Jean Gutenberg. Le premier livre imprimé sortit de leurs mains vers l'année 1450.

167. — Les caractères d'imprimerie. — Chacune des lettres que vous voyez imprimées dans un de vos livres a été obtenue au moyen d'une petite baguette de métal au bout de laquelle est gravée en relief la lettre en question. On enduit ce relief *d'encre d'imprimerie* et on l'appuie sur le papier. De cette façon, celui-ci garde l'empreinte métallique sur le papier. La forme de cette machine a beaucoup varié depuis que l'on imprime des livres, des affiches et des journaux. Sa forme primitive était bien ensemble et du même coup toute la page. Il faut pour cela *composer* d'avance tout le texte qu'elle contient.

168. — La composition d'une page imprimée. — Composer une page, c'est réunir dans l'ordre qu'il faut, ces petites baguettes métalliques terminées chacune par le relief d'une lettre, et que l'on appelle les *caractères*. On place les uns à côté des autres les caractères nécessaires pour écrire chaque mot, puis les mots qui forment une ligne, enfin les diverses lignes qui forment la page. Tout cela est maintenu dans un cadre en fonte que l'on appelle la *forme*.

169 — La mise sous presse. — Lorsque la composition est prête, c'est-à-dire quand cette espèce de gâteau de caractères est parfaitement disposé pour donner une bonne empreinte sur le papier, on passe un rouleau imbibé d'encre sur la face où se voient les lettres en saillie. Alors on procède au *tirage*, ce qui veut dire à l'impression. Sur une feuille de papier bien étalée et convenablement soutenue en dessous, on presse au moyen d'une machine toute la composition, c'est-à-dire l'ensemble des lettres enduites d'encre. La page entière reste imprimée en noir sur le papier. On irait trop lentement si l'on se contentait d'imprimer page par page. La feuille de papier est assez grande pour contenir un certain nombre de pages. On imprime à la fois toutes les pages qu'elle peut contenir. Ainsi, dans beaucoup de vos livres d'école, on a imprimé à la fois 12 ou 18 pages sur une face de la même feuille.

170. — La presse à imprimer. — La machine qui sert à imprimer porte un nom caractéristique. On l'appelle la *presse*. Elle presse en effet les caractères en noir de la lettre *imprimée*. Mais n'allez pas croire qu'on imprime une à une et séparément toutes les lettres d'une ligne ou d'une page. Au contraire, on imprime simple à côté de celles que l'on voit aujourd'hui. Le même Gutenberg, qui inventa les caractères d'imprimerie, avait inventé, peu d'années auparavant, la première *presse à imprimer*.

RÉSUMÉ DU CHAPITRE XVI.

157. — La récolte des vieux chiffons est l'industrie des chiffonniers.

158. — Cette industrie fournit la matière première des papiers et des cartons de tout genre.

159. — On classe les chiffons et autres débris ramassés par les chiffonniers.

160. — La fabrication du papier débute par le défilochage; puis on le blanchit à l'aide du chlorure de chaux, on obtient ainsi la pâte de papier.

161. — On dispose la pâte en feuilles soit à la forme, soit à la machine.

162. — Le papier à la forme est meilleur, mais il se fait trop lentement; sur la machine, la pâte, encollée d'avance, se met en feuille sur une toile métallique. — Les papiers de couleur sont faits avec une pâte colorée; les papiers peints sont imprimés en couleur après la fabrication.

163. — Les crayons dits de mine de plomb sont faits avec de la plombagine et de l'argile.

164. — L'encre noire est faite avec de la couperose verte et une décoction de noix de galle.

165. — L'encre d'imprimerie se fait avec du noir de fumée mêlé à de l'huile cuite.

166. — Nos livres actuels sont dus à l'imprimerie, qui a été inventée à Mayence, vers 1450, par Jean Gutenberg.

167. — On les compose à l'aide de caractères mobiles disposés dans une forme, et pour imprimer on les enduit d'encre d'imprimerie.

168. — Pour composer une page, on commence mot par mot, ligne par ligne, et l'on réunit les lignes en page.

169. — Pour mettre sous presse, on enduit d'encre la saillie des lettres, puis on presse sur le papier blanc la forme contenant les caractères.

170. — Pour imprimer, on emploie une machine que l'on appelle la presse à imprimer.

QUESTIONNAIRE.

157. *Comment, dans les villes, récolte-t-on les vieux chiffons ?* — 158. *A quel usage les emploie-t-on ?* — 159. *Qu'appelle-t-on le triage des chiffons?* — 160. *Qu'est-ce que le defilochage ? le blanchiment ?* — 161. *Comment fait-on le papier à la forme ?* — 162. *Comment fait-on le papier à la machine ? Comment obtient-on les papiers en couleur ? Quels sont les principaux usages du papier ?* — 163. *Que sont les crayons de mine de plomb?* — 164. *Avec quoi prépare-t-on l'encre noire à écrire ?* — 165. *Avec quoi fait-on l'encre d'imprimerie ?* — 166. *Depuis combien de temps fait-on des livres tels que les nôtres? Quelle forme avaient-ils auparavant? Quand et par qui fut inventée l'imprimerie ?* — 167. *Avec quoi es livres sont-ils imprimés ?* — 168. *Expliquez comment on compose une page.* — 169. *Expliquez ce que c'est que d imprimer.* — 170. *Qu'est-ce que la presse à imprimer? Par qui la première presse fut-elle inventée ?*

CHAPITRE XVII.

LES VERRES ET LES ASSIETTES.

171. — L'éclat et la transparence du verre. — Parmi les ustensiles que l'on voit sur nos tables, il n'en est pas de plus élégants, de plus brillants en même temps, que les *verres* où nous buvons et les *carafes* où l'on sert nos boissons. C'est du *verre*, c'est-à-dire une matière transparente et limpide, où la lumière du soleil se joue avec éclat. Un *verre* est-il sali : il suffit de le tremper dans l'eau et de l'essuyer avec un linge pour qu'il reprenne sa netteté première. Tantôt le *verre* se montre à nous sans aucune couleur, c'est ce qu'on appelle le *verre blanc* ; tantôt nous le voyons coloré en rouge, bleu, jaune, violet. Il garde néanmoins son bel aspect transparent, et la lumière y produit des effet encore plus brillants.

172. — La fragilité du verre. — Seulement, vous le savez, si le *verre* est beau, il est fragile. N'allez pas le heurter. Gardez-vous, dans un *verre* qui est froid, de verser de l'eau chaude. Au moindre choc il se brise en morceaux ; sous l'influence d'un échauffement brusque, il fait entendre un claquement sec, et une fente apparaît en même temps : le *verre* est cassé.

173. — Le verre fond au feu. — Le verre peut cependant être chauffé sans se rompre, pourvu que ce soit progressivement. Il peut ainsi arriver à un très haut degré de chaleur. Alors vient un moment où le verre se ramollit en une pâte, il devient rouge comme du feu, tant il est chaud. Si on le chauffe encore plus, il coule en grosses gouttes, comme un sirop épais ; son éclat rouge tourne peu à peu au blanc étincelant. Tel est l'aspect du verre fondu.

174. — On fait le verre avec du sable, de la chaux et des cristaux de soude. — Ce qu'il y a de plus curieux, c'est que, pour faire du *verre*, on emploie des matières pierreuses qui n'ont ni transparence ni éclat. C'est d'abord du *sable*; on y mêle de la *craie* ou de la *chaux éteinte* et des *cristaux de soude*. L'origine du *sable* est bien connue ; la terre en renferme des couches abondantes. Celui que l'on choisit est tantôt du *sable blanc* qui ressemble à une fine poussière de grès, tantôt du *sable de rivière*, lorsque l'on veut obtenir des verres à bouteilles. La *craie* est une matière blanche qui tache les mains et le papier en y laissant sa poussière ; c'est avec la craie qu'on fait les crayons blancs pour écrire au tableau noir. Quant à la *chaux*, c'est une substance pierreuse que l'on obtient en cuisant dans les fours certaines sortes de *pierres*. On dit qu'elle est *éteinte*, lorsqu'on a répandu dessus de l'eau peu à peu. Quant aux *cristaux de soude*, ils sont assez gros et sans couleur. On les tire de la cendre de certaines plantes marines.

Fig. 53. — Ouvrier verrier soufflant le verre avec sa canne devant le four incandescent.

175. — Fabrication du verre. — La composition des diverses sortes de *verre* est très variée. Pour le *verre à vitre*, par exemple, on mêle à 1 kilog. de *sable* 130 gram. de *cristaux de soude* et autant de *craie*. On fait fondre le tout ensemble, après l'avoir soigneusement pulvérisé. Quand il s'est produit une seule masse, appelée *fritte*, on la met dans des creusets capables de résister, sans se rompre et sans fondre, à des feux extrêmement ardents. On les introduit dans un four, où on les chauffe très fortement. Il s'y forme bientôt du verre fondu étincelant de chaleur. C'est là que l'ouvrier verrier le prendra tout incandescent pour le *souffler*.

176. — La canne du verrier. — Oui ! vous m'entendez bien, ce verre brûlant et coulant, l'ouvrier va le gonfler de son haleine, comme vous avez sans doute quelquefois gonflé des bulles de savon au bout d'une

FIG. 54. — Première forme du verre soufflé pour faire une bouteille.

FIG. 55. — Deuxième forme.

FIG. 56. — Moulage de la panse de la bouteille dans un moule en bronze ou en terre (que l'on a supposé coupé dans sa hauteur pour montrer la bouteille qui y est moulée).

paille. Vous comprenez bien d'abord qu'il lui faut un chalumeau bien plus long, car le voisinage de la boule de verre incandescente brûlerait la figure du souffleur. En outre, il lui faut tout autre chose qu'une paille. L'outil dont il se sert s'appelle la *canne* du verrier. C'est un tube en fer creux long à peu près de deux mètres, et garni de bois du côté où l'on met la bouche. Le fer s'échaufferait trop vite et brûlerait les lèvres de l'ouvrier.

177. — Le soufflage du verre. — Pour *souffler* une pièce, le verrier plonge dans le verre fondu l'extrémité renflée de sa canne et *cueille* la quantité dont il a besoin.

La bouche appliquée à l'autre bout, il souffle dans la masse de verre et lui fait prendre peu à peu la forme d'une boule creuse à parois épaisses. Ensuite, soufflant plus ou moins fort, penchant le verre de tel ou tel côté, il arrive, avec une rare adresse, à lui donner la forme qu'il désire. On conçoit sans peine que, suivant les objets que l'on veut fabriquer, la manière de s'y prendre varie

FIG. 57. — Formation du fond à l'aide d'une palette sur laquelle on l'appuie.

FIG. 58. — La bouteille a été détachée de la canne et un cordon de verre fondu a été ajouté autour du goulot.

beaucoup. En tous cas, le travail d'un ouvrier verrier est une des choses les plus curieuses à voir et à suivre pendant quelque temps. Mais il faut pour cela ne pas craindre la chaleur étouffante qui règne dans les verreries. Aussi les souffleurs de verre travaillent-ils le plus souvent nus jusqu'à la ceinture. Les figures 54 à 58 donnent une idée de la fabrication d'une bouteille.

178. — Le recuit. — Quand la pièce de verre est soufflée et façonnée, on la détache de la canne et on la laisse refroidir. On lui donne ensuite le *recuit*, c'est-à-dire qu'on la fait passer dans un four où elle est chauffée juste assez pour ne pas fondre, et où on la laisse refroidir très lentement. Le recuit a pour effet de rendre le verre beaucoup moins cassant.

179. – Porcelaine et faïence. — Nos assiettes et nos plats de *porcelaine* ou de *faïence* sont d'autres ornements de nos tables ou de nos dressoirs. Vous savez quel éclat, quel poli, quelle finesse a la *porcelaine*. Souvent la pâte des soucoupes ou des tasses est si peu épaisse qu'on peut apercevoir le jour au travers. La *faïence* est un peu moins fine, mais elle reçoit des couleurs d'un grand éclat ; on y peut facilement tracer des figures dont la variété et la richesse de nuances plaisent infiniment aux yeux.

180. — Les argiles et les terres cuites. — La *porcelaine*, la *faïence*, les *poteries* diverses sont fabriquées avec une sorte de terre que l'on appelle *argile*. On la trouve dans la nature en couches plus ou moins profondément situées dans le sol. Lorsqu'elle est très pure, elle est blanche ; mais souvent elle est mêlée à des matières qui la colorent en gris ou en verdâtre. Les argiles les moins fines sont connues sous le nom de *terres glaises*. Toutes les *argiles* se délayent dans l'eau, et forment alors une pâte douce qui se laisse polir sous les doigts et que l'on coupe facilement avec un couteau émoussé ou avec un fil de fer. Cette pâte s'étend avec une certaine élasticité, lorsqu'on l'étire. Si on la laisse sécher, à mesure que l'eau s'évapore, l'*argile* se retire sur elle-même et se fendille. Plus l'argile est pure, moins la pâte se fend. On peut l'humecter de nouveau, et la pâte redevient aussi douce à manier. Mais lorsqu'on l'a cuite au feu, l'*argile* devient dure, très résistante et facile à casser. Les *argiles* colorées prennent en cuisant des tons plus ou moins rougeâtres. Ce qu'il faut surtout remarquer, c'est qu'une fois *cuites*, ces *terres* ne font plus pâte avec l'eau, il est impossible de les délayer.

181. — L'art du potier. — Depuis la plus haute antiquité, les hommes de tous les pays ont, plus ou moins habilement, fabriqué de la vaisselle avec de l'*argile*. Les propriétés de cette matière conviennent merveilleusement pour cela. L'*argile* délayée avec de l'eau forme une pâte à laquelle la main du potier peut donner la forme qu'il veut. Cela fait, il n'a qu'à laisser sécher son vase, et peu à peu celui-ci durcit, en même temps que ces formes s'affinent par le retrait de la pâte. Quand la pièce est suffisamment séchée, en la cuisant dans un four, on la rend inaltérable à l'eau et assez dure pour conserver définitivement ses formes.

182. — Le travail des poteries au tour. — Vous pouvez voir dans la figure 59 un ouvrier en train de *tourner* une poterie. Il est assis devant son *tour*. Celui-ci est entre ses deux jambes comme une sorte de petite table portant la pâte que la main façonne. Le tour est monté sur un pivot. Les deux pieds de l'ouvrier sont placés sur une grande rondelle formant la partie inférieure du tour. Le mouvement des pieds fait tourner selon les besoins cette rondelle et, avec elle, le tour tout entier et la pièce que l'on façonne. C'est ainsi qu'avec sa main tenue immobile, le potier donne à la pâte qui tourne sans cesse les formes circulaires qu'il veut. Lorsque le vase doit prendre des formes d'un autre genre, on modèle la pâte dans un moule en creux. Les assiettes et les plats se font au tour, ainsi qu'un grand nombre de vases de porcelaine ou de faïence.

183. — La terre cuite est poreuse, il lui faut un vernis imperméable. — La pâte d'argile, lorsqu'elle est cuite sans qu'on mette rien dessus, donne une poterie où les jus et les sauces pénétreraient facilement. C'est de la *terre à pipes* ; comme une éponge extrêmement fine, elle absorbe les liqueurs et en reste imprégnée. Pour des ustensiles de table ou de cuisine, c'est un grave défaut. Des assiettes de ce genre prendraient à la longue une mauvaise odeur. Aussi a-t-on soin de recouvrir les poteries d'une couche extérieure qui ne laisse pas pénétrer les liquides.

184. — Les poteries lustrées. — Pour les poteries à très bon marché, on se contente de jeter dans le four où on les fait cuire, quelques poignées de *sel marin*. Celui-ci, à cause de la chaleur, s'évapore et va former sur les poteries une couche semblable à du verre et très brillante : c'est ce qu'on appelle des *poteries lustrées*.

FIG. 59. — Ouvrier potier modelant un vase sur le tour que ses pieds font tourner.

185. — Les poteries vernissées. — Les *poteries vernissées* sont couvertes d'une autre manière. Elles sont en général *glacées* en jaune, en brun ou en vert. Cette glaçure contient du plomb, et même un peu de cuivre lorsqu'elle est verte. Ce sont là nos poteries communes, poêlons, marmites, terrines, etc. Il importe de ne pas y laisser séjourner les aliments pendant plusieurs heures. La glaçure pourrait s'altérer et les rendre malfaisantes à cause du plomb.

186. — Les faïences fines. — Les assiettes de *faïence fine* dites de *porcelaine opaque*, de terre de fer, de faïence anglaise, de terre de pipe, etc., sont d'une pâte argileuse blanche, recouverte d'un *vernis* qui contient également du plomb, mais qui est blanc, fin et très uni.

187. — La porcelaine dure. — Enfin les plus belles poteries sont les *porcelaines dures*, avec leur pâte à demi transparente, leur *vernis émaillé*, appelé *couverte*, qui leur donne le plus bel éclat. La *porcelaine dure* est d'une blancheur incomparable. Elle se casse facilement, et, comme la *faïence fine*, elle ne peut supporter l'ardeur du feu sans se fendre. Les *porcelaines* et les *faïences* sont souvent décorées d'ornements en couleur qui ont eux-mêmes passé au feu et se sont ainsi unis, sous l'influence de la chaleur, au *vernis* qui recouvre toute la poterie.

RÉSUMÉ DU CHAPITRE XVII.

171. — Le verre a pour qualités sa transparence son éclat et la facilité de le nettoyer.

172. — Il se casse facilement lorsqu'on le heurte ou lorsqu'on l'échauffe ou le refroidit brusquement.

173. — Lorsqu'on le chauffe très fortement, il devient lumineux et fond.

174. — On fait le verre en mêlant, à un feu très ardent, du sable, de la chaux et de la soude.

175. — On fond ces corps ensemble et l'on obtient du verre fondu.

176. — Les ouvriers verriers soufflent le verre au bout d'une canne.

177. — Ils produisent d'abord une boule dont ils changent ensuite la forme suivant les besoins.

178. — Le verre refroidi après le soufflage est soumis au recuit pour devenir moins fragile.

179. — La porcelaine et la faïence sont des poteries d'un usage très répandu.

180. — Les poteries sont faites avec de l'argile modelée à l'état de pâte et durcie par la cuisson.

181. — La pâte d'argile s'obtient en humectant cette terre avec de l'eau; une fois modelée, elle durcit en séchant.

182. — Le modelage se fait habituellement au tour ; certaines parties s'obtiennent au moule.

183. — Les poteries cuites sont poreuses; on les rend imperméables en les recouvrant d'une sorte de vernis.

184. — Les poteries lustrées sont couvertes avec du sel.

185. — Les poteries vernissées sont couvertes avec un mélange qui contient du plomb.

186. — Les faïences fines ont une pâte blanche protégée par une couverte blanche également.

1 7.— La porcelaine a une pâte si fine qu'elle est à demi transparente, et la couverte est un émail blanc très éclatant. Les peintures dont on décore les faïences fines et les porcelaines sont fixées et incorporées à la couverte au feu de fours spéciaux.

QUESTIONNAIRE.

171. *Quels sont les avantages de l'emploi du verre ?* — 172. *Quels en sont les inconvénients ?* — 173. *Qu'arrive-t-il lorsqu'on chauffe le verre très fortement ?* — 174. *Avec quelles matières fait-on le verre ?* — 175. *Comment le traite-t-on ?* — 176 *et* 177. *Comment les verriers opèrent-ils pour fabriquer les pièces de verrerie ?* — 178 *Qu'appelle-t-on le recuit et quel est son but ?* — 179. *Quels sont nos autres ustensiles habituels ?* — 180. *Avec quoi fait-on les poteries ? Y a-t-il plusieurs sortes d'argiles ? Quelles poteries servent-elles à fabriquer ?* — 181. *Comment prépare-t-on la pâte ? Comment lui donne-t-on sa forme ?* — 182. *Qu'est-ce que le tour du potier ?* — 183. *Que fait-on pour donner de la dureté et de la résistance aux poteries ? Qu'appelle-t-on couvertes et quel est leur usage ?* — 184 *à* 186. *Qu'appelle-t-on poteries lustrées ? poteries vernissées ? faïences fines ?* — 187. *Qu'est-ce que la porcelaine ? Comment décore-t-on les faïences et les porcelaines ?*

CHAPITRE XVIII.

LES PIERRES, LES BRIQUES ET LE PLATRE.

188. — On bâtit les maisons en pierre. — Lorsque l'on parcourt les rues de Paris, on voit que les façades des maisons sont en *pierre*. Il n'en est pas de même à Londres, par exemple. Là les maisons sont construites en *briques*. Pourquoi cette différence? La raison en est bien simple. Le terrain sur lequel a été bâtie la ville de Paris renferme dans son sein des couches abondantes de *pierre à bâtir*. Les Parisiens ont naturellement pris pour construire leurs maisons ce qu'ils tiraient du sol de leur pays.

189. — On construit aussi avec la brique. — A Londres, c'est tout autre chose. Le sol de cette ville et du pays environnant ne contient aucune couche de pierre. Par compensation, il possède de riches bancs d'*argile grossière*, excellente pour faire des *briques*. Sans aller chercher plus loin, les Londoniens ont fait avec leur *argile* des pierres artificielles pour remplacer ce qui leur manquait.

190. — Maisons de granit ou de bois. — Si vous allez dans quelques pays, comme certaines parties de la Bretagne, vous verrez les maisons construites en grosses pierres grises qui sont trop dures pour qu'en les taillant on leur donne des faces bien unies. C'est aussi la pierre du pays. Mais c'est une toute autre espèce de pierre que celle de Paris, c'est du *granit*. C'est encore le sol de la contrée qui le fournit. Du reste, les pierres dures de ce genre sont beaucoup moins répandues que les pierres plus tendres que l'on connaît, dans la plupart des pays, sous le nom de *pierres à bâtir* ou *pierres calcaires* (*calcaire* veut dire qui contient de la *chaux*).

Dans les pays où le bois est très commun, comme en Russie, en Suède, en Norvège, les maisons des paysans sont construites en bois.

191. — Les carrières à ciel ouvert. — Pour extraire du sol la *pierre à bâtir*, il faut le creuser, et l'on s'y prend de deux façons. Si le *banc de pierre* est situé peu profondément, on enlève la couche de sol qui le recouvre, et l'on taille dans la masse des blocs de *pierre* que les chariots, par des chemins disposés en pente, vont chercher et ramènent à la surface du sol. Les vastes excavations d'où l'on extrait ainsi la *pierre* s'appellent des *carrières à ciel ouvert*.

192 — Les carrières à puits. — Si au contraire le *banc de pierre* est situé profondément, on l'atteint d'une autre façon. On creuse un large *puits* qui descend jusqu'aux couches de *pierre*. Une fois arrivé là, on commence à enlever des blocs taillés dans la masse; les ouvriers carriers les ramènent, sur des rouleaux mobiles, jusque sous le puits. Là on les remonte à l'aide d'un câble et d'une machine nommée *treuil*. Cette machine est installée sur l'orifice supérieur du puits. Elle repose sur un lit de pierre qui entoure cet orifice et que l'on appelle la *forme* ou le *chantier*. Ce second mode d'exploitation de la pierre est désigné sous le nom de *carrières à puits*.

193. — Les scieurs et les tailleurs de pierre. — Le bloc de *pierre* sort de la carrière fort grossièrement taillé. Lorsque l'on veut l'employer pour bâtir, il faut le débiter avec une grande *scie*, en morceaux de mesures convenables. C'est l'affaire des *scieurs de pierre*. Puis les *tailleurs de pierre* travaillent chaque pierre de façon à ce que les parties qui resteront en vue soient bien unies. Il faut de plus que les joints s'adaptent bien à ceux des pierres voisines.

194. — Les constructions en moellons. — On exécute certaines constructions à bon marché avec des pierres trop tendres pour se tailler convenablement en faces unies et en arêtes vives. C'est ce que l'on appelle les *moellons*. On les réunit entre elles au moyen d'une matière pâteuse que vous connaissez bien sous le nom de *plâtre*. En séchant, elle se solidifie, adhère à la pierre et remplit les vides que les moellons laisseraient entre eux.

195. — La pierre meulière. — On tire de certains terrains sablonneux des pierres que l'on y trouve isolées et que l'on nomme *pierres meulières*. Elles ont en général une forme très irrégulière. Leur couleur est rougeâtre. Beaucoup plus dures que la *pierre calcaire*, elles font souvent feu sous l'outil. On emploie les pierres meulières, soit pour des soubassements de maisons, soit pour des constructions que l'on veut rendre très solides.

196. — Les briques. — On se sert souvent, pour bâtir, de pierres artificielles, c'est-à-dire fabriquées de main d'homme avec une terre pâteuse que l'on fait durcir ensuite : ce sont les *briques*. On choisit une terre argileuse (contenant de l'argile avec une poussière calcaire ou sableuse). On prépare cette terre par ce qu'on appelle le *marchage*. Après l'avoir nettoyée des petites pierres qu'elle peut contenir, les *briquetiers* la jettent dans une fosse avec une certaine quantité d'eau. Ils la piétinent en cadence de façon à la rendre bien liée. Avec la terre ainsi préparée on façonne dans un moule les briques qu'on fera cuire plus tard. Avant la cuisson, elles ont besoin d'être séchées pendant assez longtemps. Comme les poteries, les briques, qui contiennent de l'argile, deviennent par la cuisson dures et résistantes. Ce sont alors de véritables pierres en terre cuite, et elles ont toutes même longueur et même épaisseur.

197. — Le plâtre. — Le *plâtre* se trouve aussi dans le sol; c'est une sorte de pierre fort tendre, qui présente çà et là des lames d'un jaune foncé et semblables à une sorte de verre. On fait cuire dans des fours la *pierre à plâtre*, et l'on obtient une poudre blanche privée d'eau et très disposée à en absorber. C'est le plâtre qu'emploient les maçons. Pour s'en servir, ils le *gâchent*. Dans une auge en bois, ils versent une assez grande quantité d'eau, puis ils y répandent du plâtre en poudre. Ils remuent le tout avec une sorte de palette en cuivre jaune appelée *truelle ;* en quelques instants le plâtre et l'eau ont formé une pâte blanche avec laquelle ils s'empressent de remplir les joints des moellons. Elle se prend en une masse pierreuse qui fait corps avec eux.

198. — Chaux, ciments et mortiers. — Le *plâtre* n'est pas la seule matière que l'on emploie pour unir les pierres ou les briques dans les constructions. Suivant les besoins, on les lie entre elles tantôt avec de la *chaux* délayée dans de l'eau, tantôt avec du *mortier*.

En sortant du four où on la fabrique, la *chaux* est âcre et brûle la peau des mains, lorsqu'on la manie quelque temps. On l'appelle alors de la *chaux vive*. Lorsqu'on mêle celle-ci avec de l'eau, le mélange s'échauffe, fume, puis se refroidit peu à peu. C'est alors de la *chaux éteinte*. Si l'on a mis beaucoup d'eau, il reste une pâte très liante que l'on appelle de la *chaux grasse*. On peut l'employer dans les constructions. Peu à peu la chaux se durcit et se transforme en une véritable pierre.

On nomme *ciments* des chaux d'une composition telle que, sous l'eau, elles deviennent solides et pierreuses en quelques heures.

Si l'on mélange avec de la chaux en pâte, du sable ou de la brique pilée, on obtient ce que l'on nomme les *mortiers*.

RÉSUMÉ DU CHAPITRE XVIII.

188 et 189. — Il y a des pays où l'on bâtit les maisons en pierre; il en est d'autres où l'on emploie de la brique.

190. — Dans d'autres pays encore, on bâtit les maisons avec de la pierre dure appelée granit; enfin il en est où on les construit en bois.

191. — La pierre à bâtir se trouve dans le sol; on l'en extrait par des carrières; celles qui sont peu profondes s'exploitent à ciel ouvert.

192. — Les carrières profondes s'exploitent au moyen de puits qui mènent dans des galeries souterraines. La pierre est remontée à l'aide d'une machine appelée treuil.

193. — Le bloc de pierre sorti de la carrière est scié, puis taillé au marteau selon les besoins de la construction.

194. — Les pierres tendres dites moellons s'emploient avec du plâtre pour les unir.

195. — La pierre meulière est plus dure et plus colorée que la pierre calcaire; on l'emploie pour les bâtiments ou parties du bâtiment qui exigent plus de solidité.

196. — Les briques sont des poteries grossières faites avec des argiles communes. Leur fabrication ressemble à celle des autres poteries. Elles s'emploient comme de petites pierres.

197. — Le plâtre vient du sol; on y trouve une sorte de pierre qu'il suffit de cuire au four pour la convertir en plâtre. Celui-ci se réduit en poussière, se gâche avec de l'eau et forme une pâte qui durcit en séchant.

198. — On emploie aussi, pour lier entre eux les matériaux de construction, de la chaux délayée dans de l'eau, des mortiers ou des ciments. Les mortiers sont des mélanges de chaux en pâte avec du sable ou de la brique pilée.

QUESTIONNAIRE.

188 à 190. *Avec quels matériaux construit-on, selon les pays ?* — 191. *Où se trouve la pierre à bâtir ou pierre calcaire ? Qu'appelle-t-on une carrière à ciel ouvert ?* — 192. *Qu'appelle-t-on carrières à puits ? En quoi consistent-elles ?* — 193. *Comment travaille-t-on le bloc tiré de la carrière pour en faire une pierre de construction ?* — 194. *Qu'est-ce que le moellon et comment l'emploie-t-on ?* — 195. *Qu'est-ce que la pierre meulière ? Quel est son*

usage ? — 196. Comment fait-on les briques ? Comment les emploie-t-on ? — 197. D'où vient le plâtre ? Comment le prépare-t-on ? Comment l'emploie-t-on dans la maçonnerie ? — 198. Quels sont les autres matériaux que l'on emploie pour joindre les pierres ou les briques ? — Qu'est-ce que le mortier ?

CHAPITRE XIX.

LES BOIS D'ŒUVRE.

199. — Les bois de constructions. — L'un des principaux usages des bois, dans les bâtiments, est de soutenir l'édifice et surtout les combles par des *charpentes*. D'autres bois servent à faire les portes, les fenêtres, les panneaux d'armoires : c'est la *menuiserie*. Les *charpentiers* et les *menuisiers* forment deux corps d'état bien distincts. Ils ne travaillent pas le bois de la même façon et n'emploient pas les mêmes outils. D'ailleurs les usages du bois sont si variés qu'il y a encore d'autres sortes d'ouvriers qui s'occupent de le mettre en œuvre. Les *ébénistes* font des meubles ; les *charrons* font des roues et des chariots ; les *tourneurs* exécutent certains ouvrages à l'aide d'une machine appelée *tour*. On pourrait encore en citer quelques autres.

200. — Diverses sortes ou essences de bois. — Dans chaque pays, il croît un grand nombre d'arbres dont le bois peut être employé soit à un usage, soit à un autre. On a l'habitude, parmi les ouvriers qui travaillent les diverses *essences* de bois, de les partager en trois grandes classes.

Les uns sont compacts, fermes et résistants : ce sont les *bois durs*.

D'autres sont d'une consistance lâche et molle, d'une

fibre peu serrée : ce sont les *bois blancs* ou *bois mous.*

D'autres enfin renferment entre leurs fibres de la résine qui leur communique une odeur spéciale et la propriété de se conserver mieux que les précédents : ce sont les *bois résineux.*

201. — Bois durs. — Les *bois durs* employés dans nos pays nous sont fournis par un grand nombre d'arbres. C'est le tronc que l'on débite en poutres ou en planches. Le bois qui le forme se compose de deux parties. Au centre est ce que l'on nomme le *bois parfait* ou *cœur.* C'est la partie vraiment dure de l'arbre, celle dont le bois est résistant, compact et de bonne conservation. Autour du *cœur* et en dehors se trouve l'*aubier* ou *bois imparfait.* C'est une couche bien moins épaisse que le *cœur*, plus tendre, moins colorée, et qui se gâterait assez vite si on l'employait avec le *bois parfait.* Aussi a-t-on soin d'enlever l'*aubier* lorsqu'on met le bois en œuvre. C'est ce qu'on appelle *équarrir* la pièce.

Le *chêne* est le plus précieux de nos *bois durs.* Il faut citer ensuite le *châtaignier*, l'*orme*, le *noyer*, le *hêtre* ou *fayard* et le *frêne.* Ce sont là des arbres magnifiques qui peuplent nos forêts et atteignent vingt mètres et plus de hauteur. On doit encore ranger parmi les *bois durs* des arbres de moindre hauteur, mais remarquables par la fine texture et la dureté de leur bois. Tels sont le *merisier*, le *pommier*, le *poirier*, le *buis.*

Le bois d'*acacia* qui provient de l'arbre si connu sous ce nom est encore une essence de *bois dur* ; mais il est surtout employé pour faire des ouvrages de tour.

202. — Bois blancs. — Nos principales essences de *bois blanc* sont le *peuplier*, le *tremble*, le *bouleau*, l'*aulne*, le *saule*, le *tilleul*, le *charme.* Le saule, le peuplier, le tremble et le bouleau donnent des bois si tendres, qu'on les utilise seulement pour quelques menus ouvrages.

L'aulne sert à faire les plus longues échelles, aussi bien que des chaises à bon marché. Le charme possède un bois pesant et serré, très bon pour les charrettes des agriculteurs,

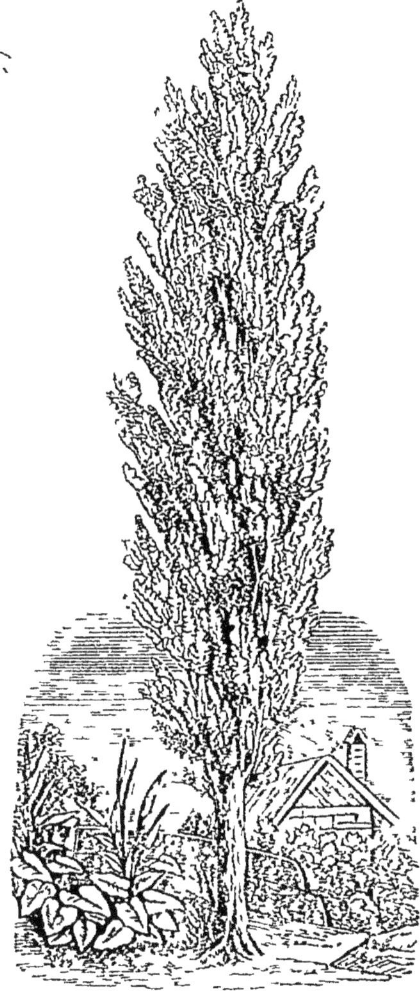

FIG. 60. — Peuplier pyramidal (hauteur : 35 m.).

Les *bois blancs* ne présentent pas, comme les *bois durs*, un cœur et un aubier distincts. C'est là surtout ce qui leur donne cette consistance peu résistante qui leur vaut aussi le nom de bois mous.

203. — Bois résineux. — Ceux-ci ont un peu l'aspect de certains bois blancs, et comme eux sont très faciles à travailler ; mais la résine répandue entre leurs fibres les rend beaucoup moins altérables. Il est des bois résineux qui résistent pendant des siècles aux intempéries de l'air. Ces mêmes bois sont aussi recherchés à cause de l'odeur agréable et salutaire de la résine qu'ils contiennent. Le plus répandu des bois résineux est le *sapin*, si précieux pour la menuiserie et l'ébénisterie. Après lui il faut citer surtout le *pin* et le *mélèze*.

204. — Mise en œuvre des bois. — Lorsqu'on abat

des arbres dans une forêt, les *bûcherons* les dégarnissent de leurs branches et les divisent en tronçons ou *billes* de quelques mètres de longueur. C'est ce que l'on appelle du *bois en grume*. Plus tard on les débite de plusieurs façons,

Fig. 61. — Bouleau blanc (hauteur : 13 mètres).

selon leur nature et les usages auxquels on doit les employer. Les bois durs sont d'abord *équarris*, c'est-à-dire qu'on leur enlève l'écorce et l'aubier, de façon à conserver au cœur le plus d'épaisseur possible dans tous les sens.

Pour convertir les pièces de bois en poutres, solives et planches, on emploie la scie. On obtient alors des *bois sciés* ou *bois de sciage*. Pendant longtemps le sciage s'est

FIG. 62. — Pins pignons (midi de l'Europe; hauteur : 10 mètres).

fait de main d'homme. Aujourd'hui on y emploie très souvent des *machines à scier* ou *scies mécaniques*, dont le travail marche infiniment plus vite.

Il y a des bois que l'on débite avec la hache : ainsi se font les douves de tonneaux, les lattes, les échalas. Cela s'appelle du *bois fendu* ou de *refente*.

205. — Dessiccation des bois. — Les travaux de tous genres auxquels on emploie les bois demandent tous qu'ils soient bien secs. On appelle *bois vert* celui qui n'a pas été desséché. Or, s'il est employé étant vert, il se desséchera néanmoins. Se retirant sur lui-même, se fendant à mesure qu'il devient sec, il déforme les ouvrages auxquels on l'a appliqué. On évitera donc toujours de travailler les bois verts. Il faut qu'auparavant ils soient longtemps exposés à l'air. Il est des bois, et des plus estimés, qui ne sont suffisamment secs qu'au bout de plusieurs années.

206. — Bois de chauffage — Tous les bois que l'on emploie aux divers travaux d'art sont désignés sous le nom général de *bois d'œuvre* ou *bois de travail*. On nomme au contraire *bois de chauffage* ceux qui servent de combustibles. Les bûcherons les débitent immédiatement dans les bois. Ils les scient en bûches de la longueur d'un mètre, que l'on range en tas ayant également un mètre de hauteur. Ces tas restent à sécher pendant plusieurs mois. Dans le chantier du marchand de bois, ils achèvent de devenir secs, car le bois de chauffage ne peut brûler convenablement sans cela.

Les essences les plus employées pour le chauffage sont le *chêne*, le *hêtre*, le *charme*, l'*orme*, le *châtaignier*, et pour certains usages le *bouleau*, le *tremble* et le *peuplier*.

C'est aussi dans les bois, au moment de l'abatage, que se fabrique le *charbon de bois*. On emploie à cet usage des branchages que l'on rassemble en tas et que l'on recouvre de terre. On allume ces branchages en dessous, et brûlant doucement, à feu étouffé sous la terre, ils se carbonisent.

RÉSUMÉ DU CHAPITRE XIX.

199. — Les bois d'œuvre sont employés à divers usages par des ouvriers spéciaux : charpentiers, menuisiers, ébénistes, tourneurs et charrons.

200. — On distingue parmi les diverses essences de bois trois grandes classes : bois durs, bois blancs, bois résineux.

201. — Les bois durs se composent d'aubier et de bois parfait ou cœur ; pour les mettre en œuvre, on commence par enlever l'écorce et l'aubier. Le chêne est le premier de nos bois durs ; puis viennent le châtaignier, l'orme, le noyer, le hêtre, etc.

202. — Les bois blancs ne présentent ni cœur ni aubier distincts ; tels sont : le peuplier, le tremble, le bouleau, l'aulne, le saule, etc.

203. — Les bois résineux sont pénétrés de résine dans toutes leurs parties : le sapin, le pin et le mélèze.

204. — Les bois sur pied sont abattus et débités par les bûcherons ; ils les partagent en billes : c'est ce qu'on appelle du bois en grume. Viennent ensuite les scieurs de long ou les scies mécaniques, pour les bois destinés à faire des poutres ou des planches. Quelques bois se débitent à la hache : c'est le bois de refente.

205. — Avant d'être employé, le bois a besoin d'être desséché par une longue exposition à l'air.

206. — On nomme bois de chauffage ceux qui sont destinés à être brûlés ; il faut aussi qu'ils soient desséchés. Les principaux bois de chauffage sont : le chêne, le hêtre, le charme, l'orme, le châtaignier. C'est avec les branchages des bois de chauffage que l'on fait le charbon de bois.

QUESTIONNAIRE.

199. *Quels sont les principaux genres de travaux auxquels sont employés les bois d'œuvre ou de travail ?* — 200. *Comment les classe-t-on ?* — 201. *Qu'est-ce qui distingue les bois durs ? Quelles sont les principales essences de bois durs ?* — 202. *Qu'appelle-t-on bois blancs ? — Quelles sont les principales essences de bois blancs ?* — 203. *Qu'appelle-t-on bois résineux ? — Quels sont nos principaux bois résineux ?* — 204. *Comment débite-t-on les bois*

lors de l'abatage? — 205. Quelle préparation doivent subir tous les bois avant d'être employés? — 206. Qu'appelle-t-on bois de chauffage? Comment le débite-t-on? Quels sont les principaux bois de chauffage? D'où vient le charbon de bois?

CHAPITRE XX.

LES MÉTAUX USUELS.

207. — Quels sont les métaux les plus connus? — Si vous demandiez à un chimiste s'il existe un grand nombre de métaux, il n'hésiterait pas à vous répondre : — Oui! j'en connais une cinquantaine. Mais si, interrogeant des ouvriers, vous leur demandez combien de métaux on emploie dans les arts, ils ne vous en nommeront environ qu'une dizaine. Les anciens pendant longtemps n'en ont connu que sept : le *fer*, le *cuivre*, le *plomb*, l'*étain*, l'*argent*, l'*or* et le *mercure* ou *vif-argent*, qui est un métal liquide. Aujourd'hui on peut citer en outre le *zinc*, le *platine*, le *nickel* et l'*aluminium*. Il ne faut pas vous étonner de ne pas trouver dans cette liste le *bronze* ou *airain*, qui est une matière métallique connue depuis la plus haute antiquité. Le bronze n'est pas un métal proprement dit ; c'est ce qu'on appelle un *alliage*, c'est-à-dire qu'il est formé de *cuivre* et d'*étain*. Il en est de même du *laiton* ou *cuivre jaune*. C'est aussi un alliage de cuivre avec un autre métal inconnu des anciens, mais bien connu aujourd'hui, celui qu'on appelle le *zinc*. Nous venons de nommer ainsi, en quelques lignes, les métaux et les alliages le plus communément employés.

208. — Origine des métaux. — Tous les métaux dont nous nous servons sont tirés du sein de la terre. Mais il ne faut pas croire qu'ils y soient tous à l'état de métal, tels que nous les connaissons. L'or et l'argent sont les seuls que l'on trouve presque purs dans le sein de la terre. Mais le zinc, le plomb, l'étain, surtout le cuivre et le fer, ne se trouvent guère dans leur état métallique. Habituellement ils sont unis à d'autres matières. Souvent ils ont même pris une apparence pierreuse ou celle d'une terre où l'on ne soupçonnerait guère l'existence du métal. On appelle *minerais métalliques*, les matières minérales qui renferment des *métaux*.

Pour se les procurer, il faut creuser dans le sol des trous profonds, appelés *mines*. Du fond de ces trous on extrait et l'on ramène à la surface les minerais de *fer*, de *cuivre*, de *plomb*, etc.

209. — Les mines de métaux. — Les métaux, qui nous rendent tant de services, ne sont malheureusement pas aussi communs dans le sein de la terre que la pierre, l'argile ou le grès C'est dans les terrains de montagnes que l'on trouve des *minerais métalliques*. Ainsi en France les *mines* d'où l'on en extrait sont situées aux pieds des Pyrénées, des Alpes, des Cévennes, et dans le massif central de l'Auvergne et des contrées voisines.

Le plus souvent, les *mines métallifères* (qui contiennent des minerais métalliques) sont très profondes. Pour atteindre le minerai, il a fallu creuser des puits par lesquels les ouvriers doivent chaque jour descendre et remonter. Au fond de ces puits ont été pratiquées des galeries traversant les couches où on le rencontre. Pendant de longues heures, au fond de ces galeries, séparés du monde par d'épaisses couches de terrain, les *mineurs* travaillent à la lueur de quelques lampes. La galerie est souvent étroite ; elle est chaude et humide ; l'air ne s'y renouvelle pas facilement, et c'est là qu'avec une pioche de fer, le *pic* du mineur, il faut entamer la roche et en arracher les parcelles qui contiennent le *minerai*. Il faut, les charger sur de petits chariots, et les transporter jusque sous les puits. Là on les entasse dans des *bennes* (sorte de tonneaux), que des machines remontent jusqu'à l'orifice extérieur.

210. — La métallurgie. — Ce mot, qui vous est in-

FIG. 63. — Ouvriers mineurs travaillant dans une galerie souterraine

connu, signifie proprement *travail des métaux*. La *métallurgie* est l'art d'extraire les métaux de leurs minerais. Les opérations commencent aussitôt que les produits de la mine sont arrivés au niveau du sol. Il faut d'abord nettoyer le minerai, qui arrive souillé de boue et de terre. On appelle cela le *débourder*. C'est une sorte de lavage à grande eau, pendant lequel on agite constamment la matière minérale.

Après le *debourdage* vient le *broyage*. On se propose de réduire les fragments de minerai en petits morceaux

On les fait passer sous plusieurs pilons, dans une machine appelée *bocard*, ou entre des cylindres cannelés nommés *cylindres broyeurs*, ou enfin sous des meules. Les menus fragments obtenus par le broyage sont encore soumis à d'autres traitements qui séparent du véritable minerai les débris purement pierreux.

C'est après cela que l'on commence à les soumettre à la chaleur dans divers systèmes de fourneaux, jusqu'à ce que l'on ait réussi à obtenir le métal séparé des autres corps auxquels il était uni. Les détails de toutes ces opérations diffèrent selon le métal que l'on traite.

211. — Le fer est le premier des métaux usuels. — Le plus utile de tous nos métaux est sans contredit le *fer*. Bien que la rouille l'altère facilement, aucun autre ne se prête à une aussi grande variété d'usages. Les instruments qui servent à cultiver la terre sont armés de fer ; presque toutes les pièces des machines de l'industrie sont en fer. Les armes de nos soldats, l'épée comme le fusil, sont également en fer. Nos canons sont du même métal ; le fer converti en acier a remplacé le bronze pour ces puissantes machines de guerre. Que dire encore des rails de nos chemins de fer, des coques de nos navires cuirassés? En un mot, depuis que nous savons nous procurer ce métal à bon marché, son emploi s'étend incessamment.

212. — Extraction du fer; méthode catalane. — Ce métal est cependant difficile à retirer de ses minerais. La plus ancienne méthode d'extraction est la moins compliquée, mais aussi elle produit lentement. On la trouve appliquée dans les usines des Pyrénées et de la Corse. Elle est connue sous les noms de *méthode catalane*, ou de *méthode française*. Elle produit des fers de très bonne qualité, mais à la condition que le minerai soit lui-même de qualité supérieure.

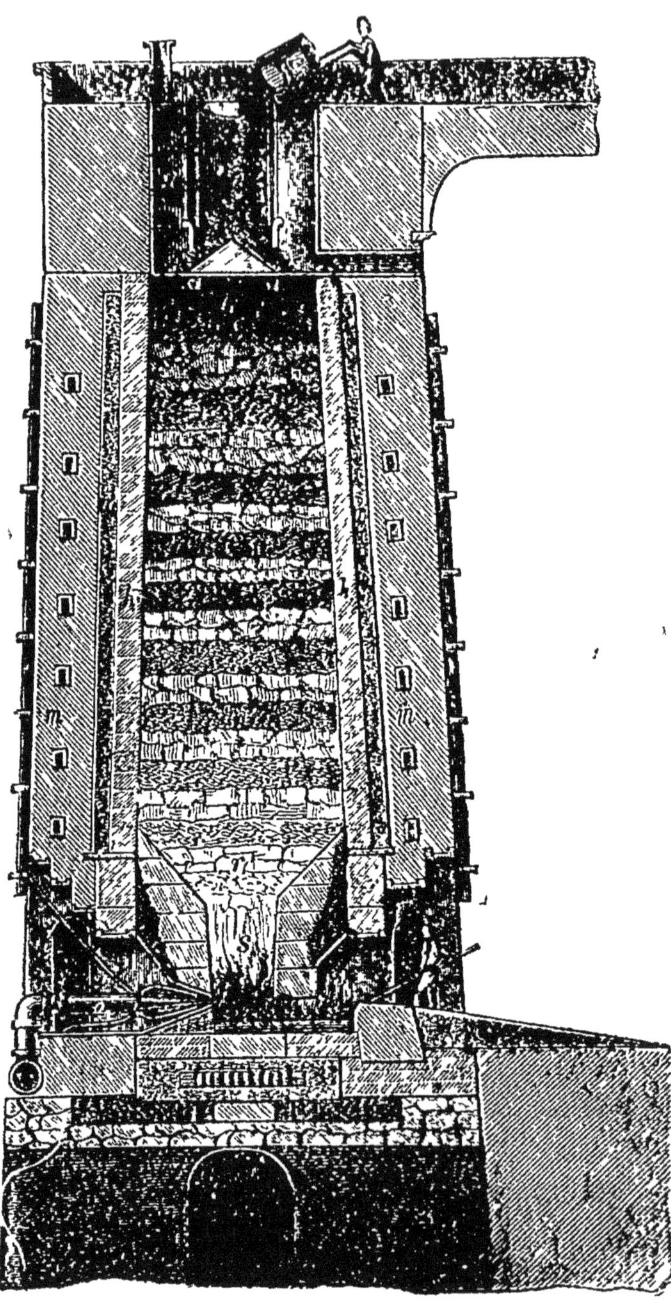

FIG. 64. — Coupe d'un haut-fourneau suivant sa hauteur (métallurgie du fer).

213. — Méthode des hauts-fourneaux. — La méthode des *hauts-fourneaux* est bien supérieure à la précédente ; elle produit beaucoup plus de fer dans le même temps et réussit même avec des minerais de qualité inférieure. La figure 64 représente un de ces appareils, que l'on a supposé fendu par le milieu pour montrer ses parties intérieures. On y aperçoit deux ouvriers occupés au travail. Leur taille permet de juger combien est grand un haut-fourneau. Il ne s'agit pas de le décrire ici dans ses détails ; mais on peut voir que la cavité intérieure a certainement plus de 15 mètres de hauteur sur une largeur d'environ 4 mètres ; au bas de cette vaste cavité est allumé un feu ardent (fig. 64-*s*). On voit du côté gauche, en face de l'ouvrier, un gros tuyau (*o*) qui est une *soufflerie*, c'est-à-dire qu'il sert à rendre le feu toujours très actif en soufflant dessus un fort courant d'air. Au-dessus du foyer, se voient rangées, dans la vaste cavité du haut-fourneau, des couches alternatives de charbon de terre et de minerai concassé. L'ouvrier placé en dessus du haut-fourneau est occupé à y jeter de nouveau minerai, tandis que celui qui est en bas est en train de diriger dans une rigole le métal fondu qui est le produit de l'opération.

Ce métal fondu n'est pas du fer pur ; il contient encore une assez grande quantité de matières étrangères. C'est ce qu'on appelle de la *fonte*, sorte de métal impur qui a particulièrement le défaut de se casser facilement. On l'utilise pour certains usages, et vous connaissez tous des objets en fonte. Mais une grande partie est destinée à être *affinée*, c'est-à-dire épurée de façon à devenir du fer.

214. — Affinage de la fonte. — Pour convertir la fonte en fer, on la soumet à l'action de feux très ardents, qui attaquent les matières étrangères encore unies au fer. On parvient ainsi à purifier le métal ; mais ces feux puissants, qui ont longtemps tenu le fer fondu, ont écarté ses parties les unes des autres ; il est en quelque sorte à l'état d'éponge. Pour le rendre plus compact et

FIG. 65. — Moulage de la fonte de fer ; l'un des ouvriers vient d'ouvrir la bouche du cubilot où est la fonte en fusion, et celle-ci coule dans la poche placée en dessous ; à droite quatre ouvriers versent dans un moule la fonte contenue dans une autre poche.

plus nerveux, il faut le faire passer sous de très lourds marteaux et l'étirer en barres régulières.

215. — Moulage de la fonte. — La figure 65 représente une opération de moulage de la fonte. Au fond, on aperçoit le long fourneau appelé *cubilot*, où la fonte est fondue. Dans le bas du cubilot se voit l'orifice par lequel elle coule lorsqu'on veut la mouler. Sur le côté quatre ouvriers viennent de recevoir dans une *poche* une certaine quantité de fonte liquide qu'ils vont verser dans le moule. Celui-ci, qui est toujours fait en sable fin, reproduit en creux les formes que la fonte va prendre en saillie.

216. — L'acier. — Ce métal, dérivé du fer, est beaucoup moins impur que la fonte. Il fond plus facilement que le fer pur ou fer doux. D'un autre côté, il peut être travaillé au marteau, ce que la fonte ne supporte pas. Mais la qualité spéciale de l'acier consiste à pouvoir être trempé. Voici ce que l'on veut dire. Si l'on chauffe, au point de la rougir, une lame d'acier, et qu'on la trempe ensuite brusquement dans l'eau froide, le métal reste dur et cassant, tandis qu'il était auparavant très docile sous le marteau. La cause de ce changement est le refroidissement brusque que le métal a subi. Aussi, lorsqu'on chauffe de nouveau de l'*acier trempé*, on le *détrempe*, si on le laisse refroidir lentement.

Il existe plusieurs espèces d'acier et on peut les tremper à divers degrés. C'est de cette façon que l'on a pu employer de nos jours l'acier beaucoup plus qu'on ne le faisait autrefois. Il serait impossible d'énumérer ici ses divers usages; mais nous rappellerons qu'il sert à faire des objets de coutellerie, des outils tranchants, des sabres, des épées, des ressorts, certaines pièces de machines et jusqu'à des canons. L'Angleterre est le premier pays du monde pour la production du fer, des fontes et des aciers.

RÉSUMÉ DU CHAPITRE XX.

207. — Les chimistes connaissent maintenant une cinquantaine de métaux différents; mais il y en a tout au plus dix qui soient connus de tout le monde.

208. — Tous les métaux viennent du sein de la terre. Les mines sont des trous profonds que l'on creuse pour aller chercher les minerais.

209. — Les minerais métalliques ne sont pas en abon-

dance dans le sol; les mines sont généralement très profondes, et le travail des mineurs est excessivement pénible.

210. — La métallurgie est l'art d'extraire les métaux de leurs minerais; on les nettoie, on les lave, puis on les broie et on sépare parmi les débris ceux qui contiennent le métal. Ensuite le minerai est soumis à l'action du feu.

211. — Le fer est le plus utile de tous les métaux.

212. — On connaît, pour extraire le fer de ses minerais, une première méthode employée dans les Pyrénées et en Corse; elle donne de bon fer, mais elle ne produit que lentement.

213. — La méthode des hauts-fourneaux est beaucoup plus productive. Chaque haut-fourneau est une grande construction en forme de tourelle creusée intérieurement pour recevoir des couches alternatives de minerai et de charbon; un feu ardent brûle à la partie inférieure, et il en coule, par le bas, du fer brut fondu qui, en refroidissant, forme de la fonte de fer.

214. — On affine la fonte en la soumettant à des feux très ardents, puis on forge le fer avec de lourds marteaux et on l'étire en barre.

215. — Les objets en fonte se coulent dans des moules en sable fin.

216. — L'acier est du fer non complètement épuré; sa principale qualité consiste à se laisser tremper à divers degrés.

QUESTIONNAIRE.

207. *Quels sont les métaux usuels?* — 208. *D'où proviennent les métaux? Qu'appelle-t-on minerais et mines?* — 209. *Qu'appelle-t-on ouvriers mineurs?* — 210. *Qu'est-ce que la métallurgie? Quelles sont ses principales opérations?* — 211. *Quel est le premier de tous les métaux?* — 212. *Où emploie-t-on la méthode catalane pour l'extraction du fer?* — 213. *Quel est le mérite de la méthode des hauts-fourneaux? Comment est disposé un haut-fourneau? Comment y place-t-on le minerai? Que produit l'opération?* — 214. *Comment affine-t-on la fonte?* — 215. *Comment obtient-on des pièces en fonte de fer?* — 216. *Qu'est-ce que l'acier? Qu'est-ce que la trempe? Quel en est l'effet?*

FIN.

TABLE DES MATIÈRES

POITIERS. — IMPRIMERIE OUDIN.

www.ingramcontent.com/pod-product-compliance
Ingram Content Group UK Ltd.
Pitfield, Milton Keynes, MK11 3LW, UK
UKHW012223240726
13966UKWH00003B/922

9 782011 947550